U0666469

廊坊市基础教育重点专项项目“廊坊市初中新诗教学现状调查及改革策略研究”（项目编号：JCJY202301）

“专题式”现代诗歌教学模式探索

吴昊 著

中国文联出版社

图书在版编目（CIP）数据
“专题式”现代诗歌教学模式探索 / 吴昊著 . 北京 : 中国文联出版社， 2024. 7. -- ISBN 978-7-5190-5574-5
Ⅰ . G633.302
中国国家版本馆 CIP 数据核字第 2024BY4068 号

作　　者　吴　昊
责任编辑　刘　旭
责任校对　秀点校对
装帧设计　人文在线

出版发行　中国文联出版社有限公司
社　　址　北京市朝阳区农展馆南里 10 号　　邮编　100125
电　　话　010-85923025（发行部）　010-85923091（总编室）
经　　销　全国新华书店等
印　　刷　三河市龙大印装有限公司

开　　本　710 毫米 ×1000 毫米　　1/16
印　　张　16
字　　数　207 千字
版　　次　2024 年 7 月第 1 版第 1 次印刷
定　　价　78.00 元

地方师范高校新诗教育应该如何开展

（代自序）

新诗教育早已不是新鲜的话题。在中国知网搜索，以此为主题的硕博学位论文、期刊论文数以百计，许多学位论文还基于实际的中学新诗教学调研而形成，呈现出丰富的一手数据与信息。结合阅读论文、调研结果和个人经历，能够得出这样的印象：无论是数量还是质量，目前的中学新诗教学活动的范围和层次仍有待拓展和提升，尤其是在县级中学，新诗教育相当薄弱，教师在课堂上几乎不讲新诗，学生也欠缺自主阅读新诗的意识。究其原因，教师对新诗的理解程度不足是一方面，深层原因则要归结为现行的考试制度——新诗未被列入中高考大纲，教师为了提高学生分数，自然也会压缩新诗教学时间，让位于其他教学内容。因此，在无法改变现行考试模式的情况下，中学新诗教育很难成为应试教育的一部分，而只能是以阅读和写作为主的非功利的审美教育。正如首都师范大学文学院教授、中国诗歌研究中心专职研究员张桃洲教授所说："可以区分出两种功能和形态的新诗教育：一种是纳入程式化的学校教育机制、与其他文类教育无差别的新诗教育；一种是个性化的、'非应试'的新诗教育。后者的意义是打破环绕在新诗和教育周围的双重樊篱，将新诗教育还原为一种广义的教育，即通过各种历练、实践对个体身心进行自我完善，而读诗和写诗是其中一种灵活、便捷的方式。”

中学新诗教育现状如此，高校新诗教育的情况又如何呢？可以说，当下的中学与高校新诗教育之间存在“断层”。因为中学新诗教育受应试体制所限，很多学生在中学时期并没有接受过系统、全面的新诗教育，新诗史知识欠缺，学生普遍对新诗感到茫然。目前，高校新诗教育或多或少要扮演“普及”的角色。但问题在于：面对不同层次、不同类型高校的学生，如何进行有针对性的“普及”？就高等教育而言，“普及”显然不是最终目的，在使学生获得一定层次的新诗知识后，如何进一步提高学生的新诗鉴赏能力？教育强调“学以致用”，本科生在获得新诗鉴赏能力后，尤其是师范生如何在未来的教学工作中将知识与能力“反哺”给中学生，使高校与中学的新诗教育形成有效衔接？这些问题都需要在高校新诗教育中得以解决。

高校新诗教学活动大致分为两种类型：课堂教学活动与课外的诗歌活动。传统的课堂教学活动包括教师授课、师生互动、小组讨论、作业布置等环节；课外诗歌活动主要包括诗歌朗诵会、诗歌社团活动。一些针对高年级本科生和硕博研究生的新诗课堂往往省略教师讲解的过程，而以学生主讲与小组讨论为主，讨论的主题集中于某个或某几个新诗文本，教师在其中起到引导、总结的作用，讨论的主体是学生。这种课堂教学模式的代表性课程是洪子诚教授在2001年9月至12月为北京大学现当代文学研究生开设的“近年诗歌选读”，其课程的参与者后来多成为知名诗人、诗评家，如姜涛、胡续冬、冷霜、周瓒、胡少卿、钱文亮等。洪子诚曾在正式出版的《在北大课堂读诗》一书序言中提到当时课堂教学的过程：“在9月初开始的第一次课上，由我对课程内容、方法和参加者要做的工作做了说明。第一，每次课读一位诗人的一二首作品，由一二位参加者担任主讲，在此基础上展开讨论。主讲人的报告一般限制在50分钟以内，以便其他的人有时间交换意见。第二，主讲和讨论以所选作品的具体解析为主，也可以联系该诗人的创作特征、创作道路，以及近年诗歌的一些重要现象、问题。另外，上课时，参加者要提交对选读作品的简短的评论文字，在每次课结束前，由担任下次课主讲的同学布置需事先阅读的材料。第三，鉴于大家肯定有各不相同的诗歌观念，对当代诗歌的了解程度也各不相同，因此，提倡一种平等的、互相尊重的态度，也提倡不同意见、方法的互补和对话。归根结底，重要的可能不是要给出某种答案，或达到某种'共识'，而是呈现富于启发意味的多种可能性。第四，上课时进行录音。课后，由主讲人对课的录音加以整理。在整理时，主讲人可以依据讨论的意见，对自己的解析做修改、补充，并提供进一步了解这位诗人的参考资料。"这种开放性的教学模式，能够在一种"诗可以群"的氛围中，使参与者通过各抒己见、对话交流来增强对新诗文本的认识。并且他们讨论的文本，大多是20世纪90年代以来的新诗作品，讨论的过程某种程度上也是建构新诗阅读史的过程。

可以说，洪子诚教授的"近年诗歌选读"课程的课堂教学模式为研究生阶段的新诗教育提供了可供参考借鉴的典范，北京师范大学、首都师范大学、山东大学等高校为研究生开设的新诗课程均采用了这种模式。值得注意的是，上述高校大多为"985""211"与"双一流"高校，所针对的学生群体大多为研究生，而对于普通地方高校的本科生而言，由教师主导的"普及"似乎更为重要，学生主导的"诗可以群"还在其次。这种观点并不含歧视意味，而是在现行的考试制度下，本科生与研究生之间、普通地方院校的本科生与"985"高校的本科生之间对新诗的接受程度必然存在一定差异。教师主导的“普及”教学模式也有一些可资借鉴的例证，如陈超教授在河北师范大学为本科生、研究生所开设的“现代诗歌研究”课程。陈超去世后，其学生王伟整理该课程讲稿，并出版了《未来的旧录像带——陈超诗学讲座》一书。该书分为现代诗总论、意象与生命心象理论、生命体验与诗的“象征”理论、超现实主义诗学、消解“圣词”日常经验表达的诗学、现代诗的结构原则、现代诗功能论、本土现代诗发展脉络等几部分，结合中外经典诗歌文本进行讲解，可谓是陈超的生命诗学理论与诗歌细读方法的结合。众所周知，河北考生长期受到“衡水模式”的影响，在初高中阶段较少接触到新诗，而陈超讲授的新诗课程既具有理论性，又不乏趣味性，深入浅出，给学生留下了深刻的印象，很多学生甚至由此走上了新诗研究与教学之路，如霍俊明、范云晶、张凯成等，使得许多中学生受益。

而对非师范的地方本科院校来说，“通识性”也是需要认真考虑的问题。根据通识性新诗课堂整理而成的最新著作有河北大学邓招华的《现代新诗文本细读与诗学阐释》、南京艺术学院张德强的《阅读新诗》、湖南文理学院程一身（肖学周）的《读诗课》等。这些著作或者说教材基本都是以新诗史发展历程为脉络、以文本细读为中心，所选的讲解篇目经典诗作。其编写的主要目的是“普及”，如张德强在《阅读新诗》的前言中提道：“作为一本中文新诗导读性质的教材，《阅读新诗》的预期读者是对新诗感兴趣又对其发展历程、形式演变、评价标准了解较少的朋友，编纂目的着眼于普及而非批评或研究。”但是这些“通识性”教材存在的问题在于其语言叙述偏“学术化”，普通本科生恐怕难以读懂或者缺乏兴趣。与之形成互补的，是近年来一些诗人根据自己在高校所做诗歌讲座整理而成的著作，如王志军的《进入诗歌——关于读诗和写诗的六堂课》、廖伟棠的《我偏爱读诗的荒谬——现代诗的三十堂课》、王炜的《试论诗神》等，这些新诗教学的实录颇具现实意义，但诗人的授课过程大多渗透着个人的创作经验，所举的例子除了经典诗人诗作之外，还会涉及“同时代人”的作品，体现出个人的、贴近当下的新诗阅读经验，与公共的诗歌史之间形成对照。比如，王志军的《进入诗歌——关于读诗和写诗的六堂课》分为六部分：诗歌中事实的力量、抒情的有效性、诗歌中的声音、诗歌中的语言、诗歌中的建筑学、诗歌中的境界，所触及的都是新诗的核心问题，并列举大量“同时代人”的诗作为例证，如雷武铃、杨铁军、周伟驰、袁永苹、谢笠知的作品等，论述的语调更具有随意性，娓娓道来，使读者有身临其境之感，区别于严肃的学术性语言。由此可见，即便是“通识性”的新诗著作，其书写模式与所反映的作者新诗教学观念也并不一致，呈现出“公共性”与“私人性”的差异。

本书想探索的是一种适应地方师范高校学生需求的新诗教学模式。我从本科起便从事新诗研究，硕士与博士分别受教于孙基林教授与张桃洲教授，2018 年博士毕业后入职廊坊师范学院，在多年从事诗歌研究的苗雨时教授的鼓励下，自 2021 年 9 月开始，为汉语言文学（师范类）的学生开设“现代诗歌研究”选修课，该课程安排于第四学期，每周一次，32 学时，2 学分，目前已开设了三轮。在正式开课之前，我曾在 2019 级汉语言文学所有选课的学生中做过有关“中学新诗教育”的调研，有 80.56% 的学生表示中学期间老师“只简单分析过诗歌内容与艺术特色”；11.11% 的学生表示老师“详细讲解过新诗，还传授解读新诗的方法”；8.33% 的学生表示老师“从来未讲解过新诗”。而经过教师的讲解，72.22% 的学生仍表示对教材中的新诗理解“一般”，仅有25%的学生表示能够深入理解，还有2.78%的学生表示不能理解。而除了教材之外的新诗作品，86.11%的学生表示中学教师没有讲过。由此可见，这些学生的新诗接受基础偏薄弱，“普及”是首要的教学任务。另外，考虑到这些学生毕业后大多会从事中学语文教师的工作，所以在授课时也要注意培养学生的新诗教学技能。

“现代诗歌研究”课的具体安排：第一周，介绍新诗的概念、新诗与古典诗词的异同、举例说明新诗细读的方法；第二周至第六周，梳理20世纪20年代至90年代新诗发展的脉络，重点介绍代表性诗人和诗歌流派；第七周至第十六周，围绕新诗的歧义性、风格、意象、抒情方式、韵律、结构与层次、修辞、叙述性、古典性、性别书写十个专题，将学生分为十个小组，每个小组解读两首具有代表性的诗作（一首现代诗歌、一首当代诗歌）。诗歌专题与篇目的选择主要源于《未名诗歌分级读本·中学卷1》（西渡主编）、《未名诗歌分级读本·中学卷2》（张桃洲主编）、《诗歌读本·大学卷》（姜涛主编）中的专题与篇目，这几本诗歌读本基于我的广泛阅读与对廊坊师范学院本科生学习情况的了解，认为其专题设置反映了新诗研究的核心问题，更符合普通高校本科生的接受程度，所选篇目与专题的理念相适应，兼具经典性与时代性，本科生能从阅读新诗、细读新诗中获得较大的启迪。

“现代诗歌研究”的课堂教学活动大致如下：每堂课开始，学生先进行课堂展示和小组讨论，教师随后进行点评和深度讲解，并启发学生对新诗专题做进一步思考。这种教学活动类似于洪子诚教授与陈超教授新诗教学实践模式的结合，实践证明，学习效果较好，选课人数逐渐增加，调动了学生的学习积极性，选修学生基本掌握了新诗细读的方法，初步具备了新诗教学的技能。2019 级中文系有 5 名学生在《雨时诗刊》上发表了新诗细读文章，1 名学生在《文化产业》杂志上发表了新诗研究论文。主讲教师发表了新诗教改论文 2 篇，主持新诗校级教改课题 3 项，逐步实现教学与科研的结合。2022 年，主讲教师获得了廊坊师范学院 2021—2022 学年教学质量考核优秀，进一步证明了“现代诗歌研究”课程的成功。由于是选修课，“现代诗歌研究”仅作为考查，平时成绩占总成绩的 40%，主要包括课堂考勤、分组展示、评论作业等内容；期末成绩占总成绩的 60%，主要考查学生细读新诗与撰写新诗教案的能力。值得注意的是，“现代诗歌研究”在授课过程中，充分考虑到中学语文教学的需求：一是在梳理新诗发展脉络时，重点讲解中学语文教材中的新诗篇目，如艾青的《我爱这土地》、戴望舒的《萧红墓畔口占》、穆旦的《我看》、舒婷的《祖国啊，我亲爱的祖国》等；二是将教师讲授与学生自主阅读相结合，培养学生细读新诗、讲解新诗的能力；三是邀请中学语文教师观摩，认真倾听其对新诗教学的意见，并在今后的教学中有所吸收。

“现代诗歌研究”课程的开设，既可以让学生掌握新诗史基础知识、获取新诗细读和教学能力，也可以与中学新诗教育形成对话与交流。这种实践并非个案，2023 年 7 月 10 日，在由北京大学中文系、北京大学语文教育研究所、北京大学中国诗歌研究院联合主办的“新诗教学的定位、问题及改善方法”研讨会上，高校教师与中学教师针对新诗教学问题，展开了热烈的讨论，会议形成的共识之一是：“迫切需要指导‘如何阅读、讲授新诗’的读物，这需要大学教师和中学教师共同参与，在达成相对共识性的基础上来编写，同时要在充分讨论的基础上保留差异性的空间。”这与本书的编写理念相一致。本书在充分反映“现代诗歌研究”课堂教学活动经验的基础上，也希望为地方师范院校及中学提供可资借鉴的新诗教学模式，既为本科生、中学生提供新诗史基础知识，又培养其新诗细读的能力。在论述语言方面，本书按照出版要求删去了冗余的语气词和重复的表述，具有一定的学术性，尽可能做到通俗易懂，使中学生能有所收获。另外，本书在正文之后还附有我近年来针对新诗教学与阅读所撰写的四篇文章，供研究者参考。

本书的完成要感谢恩师孙基林教授、张桃洲教授对我的悉心指导，感谢苗雨时教授对我在廊坊师范学院从事新诗教学的热心帮助，也感谢廊坊师范学院2019级汉语言文学、2020级汉语言文学所有选修“现代诗歌研究”课程的学生的积极参与。不过，由于“现代诗歌研究”课程的教学模式还在不断探索与完善的过程中，再加之我水平有限，因此本书难免有不足之处，敬请诸位方家批评指正。

>>> 目 录

怎样读现代诗…………………………………………………………… 001

现当代诗歌脉络梳理之一：20 世纪 20 年代的作品 ……………… 013

现当代诗歌脉络梳理之二：20 世纪 30 年代的作品 ……………… 026

现当代诗歌脉络梳理之三：20 世纪 40 年代的作品 ……………… 041

现当代诗歌脉络梳理之四：20 世纪五六十年代的作品 ………… 051

现当代诗歌脉络梳理之五：20 世纪七八十年代的作品 ………… 056

现当代诗歌脉络梳理之六：20 世纪 80 年代中期至 90 年代的作品…………………………………………………………… 071

专题一：现代诗的歧义性………………………………………… 087

专题二：现代诗的风格…………………………………………… 099

专题三：现代诗的意象…………………………………………… 112

专题四：现代诗的韵律…………………………………………… 125

专题五：现代诗的抒情风格……………………………………… 136

专题六：现代诗的结构与层次…………………………………… 147

专题七：现代诗的修辞…………………………………………… 160

专题八：现代诗的叙述性…………………………………………………… 172
专题九：现代诗的古典性…………………………………………………… 182
专题十：现代诗的性别书写………………………………………………… 197
参考文献……………………………………………………………………… 210
附录一："现代诗歌研究"课程与廊坊市初中语文教学
衔接研究 ………………………………………… 吴 昊 213
附录二：河北省高校诗歌文化建设研究
——以京津冀协同发展为背景
…………………………………… 吴 昊 王雪倩 张凯成 220
附录三：感受视听美感，体验时空变幻
——读穆旦《我看》兼谈中学生现代诗细读
………………………………………………… 吴 昊 王欣欣 228
附录四：当代诗歌细读的可能性
——评《在北大课堂读诗（修订版）》 ……………… 吴 昊 234

怎样读现代诗

首先，笔者介绍现代诗歌的概念，现代诗歌与古诗词的区别，以及面对一首现代诗的时候应该怎样去欣赏它、了解它。学习现代诗歌不要求背诵和默写，这是由现代诗歌的概念、特质所决定的。我们从小就学古诗词，从“床前明月光，疑是地上霜”这样比较通俗易懂的古诗学起，而后又学习了《诗经》、宋词、元曲等，那么现代诗歌与这些古代诗歌有什么区别，该如何去欣赏它、了解它呢？第一，写作主体、欣赏主体是现代人，不是过去的唐诗宋词那个时代的人。第二，生活在现代社会、网络化时代，我们通过手机，玩抖音、快手，感受到的情绪是现代的，而不是古典的风花雪月。第三，诗歌所用的文字也都是白话文，而非文言文，白话诗表达的也是现代人在现实生活中感受到的情绪。换句话说，现代诗歌更贴近于我们现在生活的年代。

举个例子，大家都知道封建时代的很多男性把女性当作奴隶和生育工具，他们可能并没有意识到把女性用铁链拴起来是违法的。但是，现代社会讲究法治，妇女的正当权利、婚姻自由有法律保障，违背妇女意愿肯定是违法和不道德的。笔者认识的很多诗人朋友也为妇女的权利发出了声音，用诗歌的方式批判“铁链女”事件。这种情况，在古代是很少有的，或者是古人的法治意识没有达到今天的水平，所以现代诗的题材、语言、内容都是符合现代人的思维的。

也有这样的疑问：“老师，您说现代诗歌更贴近于我们的现代生活，为什么我从小到大比较熟悉的或者比较感兴趣的还是古代诗歌呢？”这与应试教育的模式有关，我们从小到大的考试基本都是考查古代诗词的背诵、赏析，好像很少考查现代诗歌的赏析、背诵。另外，古诗为什么背起来感觉很顺畅，好像读几遍就会背了？而现代诗背诵、记忆就相对困难多了。通过“问卷星”的调查，笔者发现大多数学生比较熟悉的现代诗歌只有几首，如《雨巷》《再别康桥》《大堰河——我的母亲》《致橡树》等，大家可能也会有疑问，为什么我们偏偏对这几首诗记忆深刻？这也在一定程度上说明古诗和现代诗的不同。从形式的角度去分析，古诗词的形式是有规定的，你只要掌握了它的规律、韵脚、平仄，无论是背诵、默写，还是创作都相对比较容易。大家这学期可能要学到唐代文学中的绝句、律诗，宋代文学各种各样的词牌。绝句、律诗、词牌其实都是一种规范体，古人写诗是非常讲究规范的。而很多现代诗歌都是自由诗，不讲究韵脚，打破格律、打破严格的规矩和要求，行数可多可少，有的诗歌可能动辄几百上千行，有些诗歌可能只有一两行，有些诗歌有标点，有些诗歌没有标点。但是现代诗歌中其实也有讲究格律的，如《雨巷》《再别康桥》就容易识记，因为它们的规律性较强，并且押韵，读上几遍就会留下深刻的印象。

我们读古诗更多的是能够感觉到诗人在咏物、在写景、在抒怀，而古诗抒发的情感相对而言比较单一，现代人对情感的体验已经超出了古人的范围，变得更为多样化。其实，日常生活中的所有事物都可以作为题材被写进诗歌里。回到之前的问题：为什么古诗容易进入中高考试题，而现代诗歌就不行呢？虽然现代诗歌比古代诗歌所抒发的情感更深厚和广泛，但是它的个体化也更强。如，每个人的成长环境不同、家庭背景不同，对社会的体验、认知、心理就会有很大的差异，而现代诗歌的书写正是从个人的角度、个人的情感出发的，所以会存在多元化的现象。但是，古代诗歌类型化较强，如抒情诗、咏物诗、写景诗。再如，李白的诗歌是浪漫主义的，杜甫的诗歌是现实主义的，王维则是山水田园诗的代表。他们的诗歌类型、风格相对而言能够用比较准确的词语概括。

在艺术技巧方面，古典诗歌和现代诗歌不是完全隔阂的。相反，很多写新诗的诗人也创作过古典诗歌。在他们的成长经历中，古典诗歌对他们的影响非常大。比如，戴望舒的《雨巷》，其实就化用了很多古典诗歌意象、典故，而用典、借景抒情也都是古典诗歌惯用的手法。那么，现代诗歌与古典诗歌相比有没有一定的创新呢？或者说我们所用的艺术手法有哪些不一样呢？回顾一下《中国现代文学史》，现代诗歌除了从传统的文学当中汲取经验以外，还从西方学习到了陌生化、蒙太奇等艺术手法，我们列举几个例子加以说明。

首先介绍陌生化。我们坐在教室里学习，每天都是同一位老师授课，学的又是重复内容，就会产生厌烦。但是，如果突然出现了一位美女或是帅哥老师，就会“眼前一亮”，对他的好感也会“噌噌”上升，这就是陌生化带来的魅力。再举个例子，我们经常体验等待的感觉，“他在等你”是一句非常通俗易懂的日常用语，但是看这样的句子：“他为了等你，已经站成了街角的一棵树。”等待使人变成“树”，而且是“街角的一棵树”，一个非常熟悉的人，这时候就变成了一个具有陌生化美感的意象。冯至，大家都熟悉吧，冯至的《蛇》这首诗里说“我的寂寞是一条长蛇”，“寂寞”这种情感每个人都体会得到，但是“寂寞”怎么能和“蛇”联系在一起呢？一想到蛇的样子，长长的、滑溜溜的，就有点害怕，同时又令人感觉到刺激。“寂寞”这种感情其实和蛇也有类似之处：它不停地萦绕着你，让你感觉到害怕，但是你又不可回避它。这种陌生的语言在现代诗歌中很常见，把平凡的变成不平凡的，把熟悉的变成陌生化的美感。因为读诗的目的就是要体会语言的魅力。

再介绍蒙太奇。大家看电影的时候肯定会注意到这种手法，有一些意象、镜头似乎没有逻辑上的关系，没有视觉方面必然的连续感，但是为了在诗歌文本中达到美感的效果，让你感受到意象组合起来非同一般，这就需要用蒙太奇的方式。比如，顾城的《弧线》这首诗，“弧线”在日常生活中很常见，就是弯曲的线条。但是，如何用意象的方式、诗歌镜头的方式体验到美感呢？顾城是将四个看起来没有任何关系的意象组合在一起：鸟在风中突然间转向，它的形状是什么样的？是“弧线”；少年弯腰去捡一枚分币，这个“弯腰”的形状也是“弧线”；葡萄藤的触丝不知道大家有没有注意过，也是弯弯曲曲的“弧线”；“海浪因退缩 / 而耸起的背脊”，住在海边的人可能有这样的体会，浪头的形状也是“弧线”。鸟、少年、葡萄藤、海浪，看起来没有任何联系，是互不相关的意象，但是却用“弧线”这个线索通过视觉的方式把它们联系在一起，这首诗的镜头感、意象感就自然而然生发出来了。可以说，只要你有一双善于观察生活的眼睛，就都可以在诗歌中表现自我，这是现代诗歌的两大特点：陌生化和蒙太奇的艺术手法。

有的人认为现代诗歌晦涩难懂，这是一个认知误区。很多人习惯了读古诗词，从接触到的教材到教师的教学内容，大部分都是古代诗词，而接触现代诗歌的机会相对较少，因此得出结论：现代诗歌的成就不如古典诗词。古典诗词从《诗经》时代开始到现在已经有上千年的历史，而现代诗从1917年的新文化运动到当今不过100多年的历史，因此有些人从时间上断定现代诗歌的成就不如古诗。其实，任何文学作品都是要拿文本去说话的，任何的事物都要经过时间的检验，现代诗需要一个成长的过程。有人认为现代诗读不懂，或许它描写的事物、情感你没有真正体会过，它使用的语言超出了你的审美接受范围，并非只有通俗易懂的才是好诗。《中国当代文学》“新民歌运动”中的许多诗歌都是通俗易懂的，但有些诗歌简直就是分行的口号标语。读不懂的诗歌不一定就是“坏诗”，是你的审美、经验还没有达到与作者共鸣的地步。

有些人认为：“只有‘知识分子’才能接近现代诗歌，‘普通人’没有必要接触现代诗歌。”这更是一个误区。现在很多诗人身份各异，可能是在矿井里挖煤的工人，种地的农民，还可能是外卖小哥。只要他们愿意去读书、写作，都能够创作现代诗歌。如今的“打工诗歌”已经成为诗歌写作的一股潮流了。比如，我们所熟知的当代女诗人余秀华，她就是农村出身且有身体残疾的诗人，也不具备“知识分子”特质。

还有些人认为，读现代诗歌对应试没有帮助。因为现代诗歌是非常个人化的文本，解读时很难形成统一的答案和标准。但是，就目前的“新高考”来说，已经融入了很多现代诗歌的成分，其中有些阅读理解的文本甚至是诗人所写的文章。现在注重“整本书阅读”，强调核心素养引导下的中学语文学习，在这种情况下，诗歌不应成为应试教育的工具，而是一条有助于提升文学素养、提高审美境界的有效途径。

从审美角度，有些学生在读一首诗时无从下手，不知道从哪些方面体验和欣赏。掌握读现代诗歌的方式也不是一蹴而就的，不能急于求成，个体情况因人而异，他人读诗的经验未必适合你，只有通过多读、多看才能慢慢地掌握属于自己的读诗方法。

现在开始讲怎么读诗。首先，讲述来自西方的阅读方法："细读"，英文 Close Reading，Close 作为形容词，意思是"贴着"这个文本阅读，用"动手术"的方式将整首诗进行"解剖"，即逐句、逐词、逐字甚至是连标点符号都要解读，也就是细读。这种方式特别适合初次接触现代诗的学生，不了解诗的写作背景、作者，可以用一种细节化的方式"解剖"它——先去理解细节，然后把它合成一个整体，慢慢地感受到它的意义。解读若过于技术化、过于精细、过于机械化，可能就完全扭曲了这首诗歌。另外，有些学生一开始读现代诗，总害怕读错，即"误读"，怕读出的意思不符合诗人的创作本意。我们在中学时代做阅读题时可能遇到过这样的题目："这首诗歌表达了诗人什么样的思想？""这首诗歌表达了什么样的艺术境界？"这时我们害怕读错是因为有标准答案，我们读现代诗歌，没有一种精准的答案，就不要怕读错，只要读出的意义符合原作。因此，细读要恰到好处，不能曲解原作。

中国古典的审美阅读主要有两种方式，第一种叫"知人论世"。这种方式适用于你对这首诗歌的作者、写作年代、创作背景了解得很清楚。比如，戴望舒前期被称为"雨巷诗人"，抗战爆发以后，他意识到抗日救亡的艰巨，于是创作就发生了"左翼转向"，你就能够理解他前期和后期的作品为何会截然不同。第二种情况，有些诗歌就像是一块完整的宝石，只能用整体的眼光去鉴赏它，不能强行地分解阅读，那就如同拿一把锤子把这块宝石敲碎了，宝石的美感也就丧失了。因此，在欣赏现代诗歌时要具体问题具体分析，没必要每首诗都用西方的细读方式去理解。中国古代讲究的是“感悟式批评”，如刘勰的《文心雕龙》、钟嵘的《诗品》以及严羽的《沧浪诗话》，这些诗话、诗品意味着中国古人对诗歌的理解是一种感悟式的、整体的点评。我们读诗，如果把中国的“知人论世”“感悟式批评”和西方的细读方式结合到一起，既有整体的框架、个人的印象，还有对细节的理解，如此，我们对诗歌的了解就会更全面。

“知人论世”其实和我们的个人知识储备有关系，首先要了解诗人生活的年代、中国的诗歌发展脉络，创作时间的确定，是在抗战时期还是中华人民共和国成立以后？是20世纪80年代还是90年代？不同的时间背景、不同的作者，以及不同的写作题材，都会影响对文本的理解。另外，我们从小到大接触到很多与阅读诗歌相关的名词，如直接抒情、间接抒情、象征、隐喻、对比等。记得上学期期末考试的最后一道题是欣赏北岛的《触电》，部分学生对于北岛所处的时代、北岛具体的艺术风格记忆有所缺失，但是他们运用从小学、中学时期学到的一些艺术手法对诗歌进行分析，解读得很到位。这足以说明我们完全可以运用已掌握的知识、生活经验、文学常识来欣赏诗歌。

另外，还可以从意象的角度来体味诗歌。“大漠孤烟直，长河落日圆”，“大漠”上的“孤烟”是什么形状？直的。“长河”上看到一轮“落日”，“落日”是圆的。简单的两句诗，包含的意象非常深刻。现代诗歌中也有很多的意象。海子为什么在诗歌中经常写到“麦地”和“村庄”，这和他的生活经验、审美方式有很大的关系。海子出生于农村，在农村长大，他对农业文明有着非常深厚的感情，因此他会用大篇幅写“麦子”“粮食”，写他熟悉的村庄，这样的意象极具个性。同时，我们还要体会诗人的感情，诗人的创作情绪。有人说北岛的诗歌是“冷抒情”，看上去不动声色、冷峻，但是在冷峻之中，必定蕴含着诗人自身的情感。作为读者，我们就要运用自己丰富的想象力去体会诗人到底在表达什么样的情感。

现代诗歌的思维方式也值得注意。现代诗歌往往运用不寻常的字句和意象。比如，“我剥我的皮，我食我的肉，我吸我的血，我啮我的心肝”，这首诗出自郭沫若的《天狗》。郭沫若为什么会把自己身体的感官写进诗歌呢？这就要回归到五四时期的生活氛围。“五四”时期是自由奔放、思想解放的时代，诗人追求的是“民主”和“科学”。郭沫若作为一位浪漫主义诗人，思想比较开放，是较早写现代诗的诗人，这首诗采用夸张的手法，把个人的感官代入诗歌里，使得诗歌具有非常奇特的思维逻辑，在阅读时就不能用日常的逻辑去思考。

现代诗歌的语言特点。首先，语序倒置。比如，“连鸽哨也发出成熟的音调 / 过去了，那阵雨喧闹的夏季”，这句诗正常的语序应该是“阵雨喧闹的夏季过去了，鸽哨也发出成熟的音调”，诗人把语序倒置，先说结果，再说原因，使我们感受到陌生化的效果。很多诗歌并未遵循现代汉语的语法，逻辑上来说都是“错误”的，只有这样，才能使人感受到现代诗语言的独特之处，否则现代诗和口语有什么差别呢？同样，从词语搭配来说，很多现代诗歌也都是“病句”，如“我达达的马蹄是美丽的错误 / 我不是归人，是个过客……”如果你较真，可能就会想“马蹄”为什么会是“美丽的错误”呢？“错误”为什么会“美丽”呢？这种不符合现代汉语逻辑的用法，比较矛盾的词语搭配往往让我们感受到这首诗与众不同，显示出诗人对词语的想象力，而不是一种简单的陈述。

修辞手法，如比喻、拟人、通感。通感中的“听觉转化为视觉”，我们知道旋律是优美的，将旋律和色彩联系在一起，“绿色的旋律”或者是“金色的旋律”“红色的旋律”，就是把听觉转化为视觉。

现代诗歌和古典诗歌也有很多相似之处，如炼字、炼词、炼句。臧克家虽然是一位现代诗人，但是他也炼字，把动词用得非常精准，“日头坠在鸟巢里”中的“坠”其实就是炼字。在修饰方面，现代诗歌和古典诗歌也有一些相似之处，如二者都注重修饰词语，“窗外被秋风吹得很瘦很瘦的虫鸣 / 戚戚地咬着我的心”。虫鸣是“很瘦很瘦的”“咬着我的心”，这种新奇的修饰方式，在阅读时要加以注意。生活是美好的，我们要善于用眼睛发现美。在读诗时如果注意发现词语的精准用法，注意动词、炼字、修饰语的使用，就能更好地理解现代诗歌。

现代诗歌经常使用的鉴赏方式有词性的转变、语句的凝缩等，这里不再赘述。现代诗歌的鉴赏方法要结合具体的诗句，我们学了很多概念、理论，归根到底还是要运用到实践上的。下面我们整体读两首诗歌：一首是我们比较陌生的林徽因的《别丢掉》；一首是我们熟悉的北岛的《触电》。这两首诗前者是 20 世纪 30 年代的作品，后者是新时期的作品。不同时代、不同风格、不同性别的诗人，分析他们诗作的异同。

首先，我们来看新月派的代表人物林徽因的《别丢掉》，闻一多、徐志摩也都是新月派的代表人物。新月派讲究诗歌格律。比如，徐志摩的《再别康桥》，为什么能让人感受到非常浓烈的诗意？为什么我们经过这么多年还能够熟练地背诵它？是因为它的自由之中有格律、有押韵，读起来朗朗上口，《别丢掉》这首诗也有同样的特点。“别丢掉 / 这一把过往的热情，/ 现在流水似的，/ 轻轻 / 在幽冷的山泉底，/ 在黑夜，在松林，/ 叹息似的渺茫，/ 你仍要保存着那真！ / 一样是明月，/ 一样是隔山灯火，/ 满天的星，只使人不见，/ 梦似的挂起，/ 你问黑夜要回 / 那一句话——你仍得相信 / 山谷中留着 / 有那回音！”

虽然林徽因最终嫁给了梁思成，但是她和徐志摩始终都是非常好的朋友，这首诗是在徐志摩因飞机失事去世一周年后，林徽因为了表达对徐志摩的深切怀念创作的。徐志摩是一位非常浪漫的诗人，他对人生、对时代、对诗歌充满着炽热情感，所以林徽因在这首诗一开始就说“别丢掉 / 这一把过往的热情”。虽然人的生命已经消逝了，但灵魂所保存下来的美感却不会丢失。虽然人的身体已经在黑夜、在松林永远地消失了，人的灵魂也躺在了幽冷的山泉底，但灵魂的真、人的纯粹还是要保存下来的。明月还是那明月，灯火、星星一如既往，但是诗人徐志摩却永远地沉睡了。诗人的生命已经走向终结，但是他给诗歌、给世人留下了真诚、热情还有纯粹，这是永远保存下来的。诗中没有一个字提到徐志摩，但是“别丢掉、别丢掉热情、别丢掉真”，这样的情感是林徽因对徐志摩的深切怀念。《别丢掉》也是首都师范大学 2022 年考研初试试卷中的一首诗，大家通过这首诗可以感受到我们现在应如何理解诗歌。尤其是了解到诗人的身份以后，我们再怎样读这首诗，林徽因是新月派诗人，新月派诗人认为在抒发情感的同时也要注意到格律和规范。而林徽因古典文学的涵养造诣很深，诗中也出现了很多古典诗歌的意象，如“流水”“明月”“灯火”，一古一今、一中一西，这正是林徽因作品非常鲜明的特点。当然，这首诗所抒发的情感、意象也非常纯粹，让人感受到一种明朗的气息，并不是那么晦涩难懂。

但是，如果我们换一个语境、换一个年代、换一个性别，诗歌的情形就会发生非常大的变化。比如，北岛的《触电》，这首诗分为几个部分，第一部分是“我曾和一个无形的人 / 握手，一声惨叫 / 我的手被烫伤 / 留下了烙印”，大家可能会想到“无形的人”是什么人呢？“我”和他握手为什么会被烫伤呢？这就要追溯北岛写这首诗的年代，北岛是朦胧诗的代表人物，他写作此诗的年代是“文化大革命”结束不久，人们的思想解放刚开始。诗人对历史、对过去的事情有着非常强烈的反思，与“无形的人”握手的时候，你会感受到一种来自历史的压力，所以你的心灵、你的手会被烫伤，留下历史的痕迹。第二行“当我和那些有形的人 / 握手，一声惨叫 / 他们的手被烫伤，/ 留下了烙印”，可以说，“无形的人”伤害的是“我”，“我”伤害的却是“有形的人”，“我”既是受害者也是加害者。“我”在受到伤害的同时，也对别人施予了触电般的伤害。在反思“文化大革命”的语境中，无论是“我”还是那些“无形的人”“有形的人”，都是历史责任的承担者。而“我”伤害了别人，别人又伤害了“我”以后，“我”的心态是怎样的？“我不敢再和别人握手 / 总把手藏在背后 / 可当我祈祷 / 上苍，双手合十 / 一声惨叫 / 在我的内心深处 / 留下了烙印”，这里对历史的反思达到了最高境界，“我”在“双手合十”“祈祷上苍”的时候，也能够感受到历史对“我”心灵的撞击。“触电”的感觉不仅是来自身体，更重要的是来自心灵。历史对一个民族、对一个时代群体都会留下不可湮灭的创伤，这种创伤需要经过时间的冲洗慢慢淡化。通过阅读诗歌，对我们的历史进行反思，并且正确地认识现在的社会，做出正确的评价。北岛就是一个非常有历史责任感的诗人，他的诗歌中通过借“无形的人”“有形的人”和“内心的烙印”表达他对时代、对社会的理解。

北岛的这首《触电》的风格从整体看偏向于“冷抒情”，与《别丢掉》有非常大的差别。《别丢掉》读起来是一种轻盈、灵动的美丽，它与《触电》的沉重之间，给人的阅读体验差异非常大：一是时代的差异；二是诗人风格的差异；三是来自诗人性别的差异，男诗人和女诗人的作品有非常大的不同，这是我们对《触电》和《别丢掉》这两首诗的理解。

总之，现代诗歌并不“神秘”，只要掌握阅读方法，将细读法与知人论世法相结合，体会现实语境与分析修辞手法相结合，将读诗作为一种乐趣，那么每个大学生都能找到接近现代诗歌的通道。

现当代诗歌脉络梳理之一：20世纪20年代的作品

胡适可以说是“新诗歌第一人”，他的诗集《尝试集》也经常被视为中国文学史上第一部新诗集。北京大学姜涛老师写了一本很重要的诗歌研究著作，即《“新诗集”与中国新诗的发生》，其中就谈到了胡适的《尝试集》在中国新诗史上的地位和其对中国新诗发生过程中起到的引导作用。其实，《尝试集》中的许多作品从今天的审美眼光看，的确成就不是很高。《两只蝴蝶》作为胡适的代表作并没有特别的艺术感，但是他开创了用白话文代替文言文写诗的先河。通过学习中国现代文学了解到，像胡适这些新文学代表人物，是通过《新青年》等杂志，把新文学运动开展起来的。《新青年》作为杂志，一个载体，对现代诗的传播起到了至关重要的作用。那么，怎样把白话诗推广给更多的青年（如大学生）？就是将报纸杂志作为载体，推广新诗。读者读到白话诗，就会感到新奇，提起兴趣，所以他也开始写新诗。

翻看新诗人的作品集，你会惊讶地发现，同一首诗出现在不同的书中，题目、内容可能略有不同。比如，胡适的《两只蝴蝶》，别名《朋友》。“朋友”和“蝴蝶”之间是什么关系呢？“两只黄蝴蝶，双双飞上天”，“蝴蝶”成双成对的状态，其实就是朋友之间友谊的象征。两只蝴蝶结伴飞上天，不知道为什么有一只飞回来了，剩下一只蝴蝶就感到孤零零的。通过这种通俗易懂的方式，就把“友情”的意味传递给了读者。

我们要注意的是，虽然《两只蝴蝶》是白话诗，其实并未脱离古诗的影子。这首诗的句式整齐、押韵，是和胡适个人的写作素养分不开的。胡适虽然是新文学的开创者之一，但其古典文学的底蕴很深，是一位国学大师，除了写新诗，还从事研究国学等工作。比较熟悉的还有胡适的《打牌日记》，记录了他作为普通人日常生活的一面，如他在美国留学的时候，感到无聊就会打牌。这些诗人的写作心态、方式已经接近当代的老百姓。古典诗歌在一定程度上是为文人雅客所使用的。虽然《两只蝴蝶》这首诗看起来比较通俗，有些大白话。

胡适在《梦与诗》中写道：“醉过才知酒浓，爱过才知情重。你不能做我的诗，正如我不能做你的梦。”胡适用白话文的方式把爱与醉、梦幻与现实用诗歌的方式联系起来，他用的一些词语似乎并没有经过仔细的打磨，类似于即兴写作。喝醉了酒，才知道酒有多浓烈，爱过之后，才能知道感情是什么样子的。你不是我，不能理解我，就不会懂我的诗，正如我也不能做你的梦。通过这样通俗的、口语化的方式来表达对爱的理解、对梦的理解。梁实秋认为在新诗运动初期，大家写诗更重要的是在“实验”，按胡适的说法，就是“自古成功在尝试”。“尝试”写白话诗，一开始写白话诗，胡适他们就能创作出经典的作品，更重要的是成功地使白话诗代替了文言诗。梁实秋对初期白话诗的评价还算是比较客观的。胡适他们初期写的白话诗，语言很一般，需要打磨。诗歌，首先要欣赏它的美感，如果都是口语化的东西，怎么能够品尝出它的蕴藉呢？

初期的白话诗，虽然还有待于去锤炼，但已经引起了社会上的广泛重视，而且形成了一种写白话诗的氛围。这就要说到第一个新诗社——中国新诗社，诗社的代表人物：朱自清、俞平伯、叶圣陶。叶圣陶原名叶绍钧，其实叶圣陶也写新诗。俞平伯，大家可能更熟悉他的散文和《红楼梦》研究。朱自清除了写散文之外，他也研究新诗。朱自清、俞平伯他们组织中国新诗社的初衷和当时的社会氛围有关系。1921 年，文学研究会成立，它是一个以“为人生”为基准的团体，而中国新诗社和文学研究会有着相同的目标，即把人生的喜怒哀乐的感情写进诗歌里，倡导一种现实主义的艺术。

写诗要写人生，老舍的《骆驼祥子》中的“祥子”描写的就是人力车夫这样一个群体。诗人们通过观察城市里的日常状况，来写“人力车夫”这些底层老百姓的生活。为了彰显自己“为人生”的主张创办了现代诗歌史上第一个诗歌刊物《诗》，还有《沉钟》《浅草》《新月》等，都是用来宣传诗人的主张，把他们的新诗以杂志的方式传递给更多的人。

20 世纪 20 年代的诗歌其实是很多元化的，“小诗派”这个概念大家也应该接触过吧？因为小、短，甚至一两行字就能够成为一首诗。印度的泰戈尔经常写小诗，还有日本的短歌、俳句也是很短的一两行，如“青蛙跳进水里，/ 扑通”。这些外国的小诗通过翻译传播到中国，随后也就有了中国自己的新诗作品。如知名的“小诗”诗人代表之一冰心，她的作品特点即宣扬母爱、自然爱等。她的诗篇幅不长，但具有哲理性。著名的美学家宗白华也倡导过小诗，注重诗歌的韵味。这里面可以看到中国古典诗歌的影响。虽然白话诗在某种意义上是对中国古典诗歌的“反动”，但它绝对不会去剔除古典的诗韵。“小诗”既受到日本、印度的影响，也受到中国古典的影响。古诗讲究蕴藉，要有韵味、有涵养。表达的思想感情、哲理都隐藏在这短短的几行诗里，而不是非常张扬地外化出来，新诗也是如此。比如，冰心的代表作《繁星》中的一首："成功的花 / 人们只惊慕她现时的明艳！ / 然而当初她的芽儿 / 浸透了奋斗的泪泉 / 洒遍了牺牲的血雨。"这首诗很短，只有五行，但富含深刻的哲理。花，我们看到它开得很美，但是从小芽成长为美丽的花，这个过程非常艰难，是需要奋斗的过程。这就像我们的人生一样，也是需要经过奋斗，经过磨炼，最后才能取得成功的。

冰心这种爱美的哲学是非常富有文学性的，但"小诗"的热度并没有延续下去，由于20世纪20年代中国的社会发展迅猛，很多外国的思想潮流涌入中国，和中国传统的古典文化发生碰撞，出现很多的文学思想、文学流派。比如，创造社及其领军诗人郭沫若，他的代表作《女神》《天狗》等，引领了一代诗风。如果说胡适是第一位新诗人，那么郭沫若便是第一个把新诗推向成功、推向经典的诗人。当下对中国现代文学作家的研究，重点是鲁迅，鲁迅学在中国学界是一门显学，之后就是对郭沫若的研究。郭沫若的成就在诗歌创作以及古典文学研究方面，超越很多同时期的作家和诗人，而且郭沫若是一个多元化的作家，他早期的作品非常浪漫化，后期因为转向了革命，文学思想发生了很大变化。我们现在主要讨论的还是他早期的诗歌。

郭沫若早期的诗歌，最主要的特点之一就是关于情感的书写。情感有多种多样的表达方式，可以非常含蓄地表达，如冰心的小诗，也可以非常直白地表达，如胡适的《梦与诗》，还可以非常夸张、浪漫地表达，就像郭沫若的早期诗歌。他对诗句的运用富有"爆裂性"的情感，就好像血管时时刻刻就要崩裂一样，这和早期郭沫若个人的经历分不开。郭沫若去日本留学学医，和鲁迅有点类似。而且郭沫若情感很充沛，他能够敏锐地感受到时代的变化，适应新的时代创作出新的诗歌、文学，尤其是突出情感在诗歌中的作用，如他的代表作《天狗》：

我是一条天狗呀！
我把月来吞了，
我把日来吞了，
我把一切的星球来吞了，
我把全宇宙来吞了。
我便是我了！

我是月底光，
我是日底光，
我是一切星球底光，
我是X光线底光，
我是全宇宙的Energy底总量！

我飞奔，
我狂叫，
我燃烧。
我如烈火一样地燃烧！
我如大海一样地狂叫！
我如电气一样地飞跑！
我飞跑，
我飞跑，

我飞跑，
我剥我的皮，
我食我的肉，
我吸我的血，
我啮我的心肝，
我在我神经上飞跑，
我在我脊髓上飞跑，
我在我脑筋上飞跑。

我便是我呀！
我的我要爆了！

大家读这首诗，有什么样的感觉？诗人怎么能把自己比作“天狗”呢？另外，把人比作“天狗”也就罢了，怎么还把自己的肉给吃了、把自己的皮剥下呢？而最后更是夸张：“我便是我呀！我的我要爆了！”自我的身体竟然以“爆炸”作为结尾，这说明郭沫若写诗的年代，正是崇尚自由、崇尚科学、民主思想大爆发的时期，这个时期很多诗人会把“X光线”“全宇宙的Energy底总量”科学名词引入诗歌作品，似乎“我”把全宇宙的能量全都吸收在身上了，“我”是一个有超能力的人。人们已经习惯了文学化的表达，而郭沫若把科学性的词语用到诗歌里，就有一种与众不同的意味，相当于把“赛先生”请进了作品中，所以才会出现杂糅、夸张的表现方式。至于“我在我神经上飞跑，我在我脊髓上飞跑，我在我脑筋上飞跑”，使人感受到“天狗”的狂躁、精神亢奋的状态，这与五四时期的诗人精神状态相匹配，也希望把这种情感传递给更多的读者，所以我们才会看到这么多夸张的表达。另外，这首诗每一句都以“我”作为开头，强调个人化的意识。从我们学过的古典诗歌中，作者本人的意图、身份、立场，都是隐藏在诗句中的。郭沫若的《天狗》其实就是个人化意识的苏醒和表达，并且是以一种非常极端的、“大爆炸”的方式来表达。个人的主体性，也是通过最后一句达到了高潮。这首诗能够看出郭沫若等创造社诗人的张扬个性，旧的社会已经过去了，新的社会就是要在崇尚科学、崇尚民主的氛围中达成。

20 世纪 20 年代的诗歌是非常多元化的，当然也有描写爱情的诗歌，如湖畔诗派应修人、汪静之、潘漠华、冯雪峰的作品，他们当时模仿外国诗人华兹华斯的湖畔式写作，并且写爱情诗。那个时期，写爱情诗存在着一定的忌讳，如汪静之非常著名的诗作《过伊家门外》，诗中写道：“一步一回头地瞟我意中人。”一个男孩对一个女孩非常喜欢，但又不敢去表达，他看到这个女孩子走过来的时候，也没有上前打招呼，而是一步一回头地用余光去“瞟”他的意中人。这个男孩子心里的这种“怦怦、怦怦”的跳动，我们可以想象得到。这样的写作在当下很正常，但是在 20 世纪 20 年代，如果在诗歌中如此大胆地表达爱情，来描绘对异性的一种憧憬，很多人就会斥之为“有失风化”。尽管那个时候引入了自由、科学、民主等新名词，但社会上很多人的思想还很保守，对爱情尤其如此。应修人的诗歌《妹妹你是水》，现在看来很肉麻，但在当时描写颇为大胆。

妹妹你是水，
你是清溪里的水。
无愁地镇日流，率真地长是笑，
自然地引我忘了归路了。

妹妹你是水，
你是温泉里的水。
我底心儿他尽是爱游泳，
我想捞回来，
烫得我手心痛。

妹妹你是水，
你是荷塘里的水。
借荷叶做船儿，
借荷梗做篙儿，
妹妹我要到荷花深处来！

读了这首诗，大家谈一下对20世纪20年代诗歌中的爱情书写的看法。（学生：对于爱情，诗人应该是对自己意中人由内而外的一种向往和憧憬，但是对她又保持着一种距离感）那个年代诗人写爱情，与当下很多情歌相比有一些不同之处。诗人对心上人的表达称谓就是“妹妹”，他把“妹妹”比成“水”。水是柔软、流动、有灵性的，人的特点和大自然密切贴合。现在的人们表达爱情肯定不会说“妹妹你是水”，因为有点俗。但是那个年代，诗人对爱情的一种表达就很自然，他要坐船去找他的“妹妹”。这种情感让人感觉比较单纯、比较美好。

另外，我们还要讲到新月派诗人。前面已经解读过新月派代表诗人之一林徽因的作品《别丢掉》，这首诗表达感情是通过有节制的方式来体现的，按照闻一多的说法就叫作“理性节制情感”。读郭沫若的诗歌《天狗》《凤凰涅槃》等，我们可以感受到一种浪漫主义的情感，同时也觉得《天狗》把情感表现得太夸张，还有非常高调地宣扬自我的个性。新月派诗人写诗则不同，他们是古典主义的传承者，把情感用理性的“铁栅栏”限制住，不让情感像郭沫若的《天狗》一样在脑子里乱跑，这就是新月派的主张。闻一多的“三美”主张是：建筑美、音乐美、绘画美。这岂不是又回到古典诗歌的老路上去了吗？古典诗歌就是整齐的、分行的，像豆腐块似的那么整齐。闻一多、徐志摩他们恰恰是在古典的基础上，赋予语言、形式新的生命。徐志摩是大家都比较熟悉的，也是很感兴趣的诗人，他的确是一个很多情的诗人，情感是他创作优秀诗歌的动力。除了写诗之外，他还从事翻译研究，他也非常关心政治，关注普通老百姓的生活。上节课讲到写人力车夫，徐志摩也有表达对他们同情的作品。徐志摩在西方留过学，回国后，他积极地策划一些文学活动，如《新月》杂志的出版。但是，徐志摩的人生结局让人唏嘘。1931 年 11 月 19 日，徐志摩坐上了从上海到北京的飞机，飞到山东济南的时候，由于天有大雾，飞行员没有看清前面的情况，飞机不慎撞到了山上。徐志摩就以这种悲剧的方式结束了自己的一生，震动了诗坛。

生前，徐志摩写过很多关于“飞翔”的诗歌，如《雪花的快乐》这首诗，他幻想自己在天上飞，幻想自己是一片雪花、一朵云，这种比较轻盈的、能够在空中自由飞翔的意象，和他自己的命运形成了具有传奇色彩的对照。他在写这首诗的时候，也有意识地把音乐加了进去：“假如我是一朵雪花，翩翩地在半空里潇洒，我一定认清我的方向，飞扬，飞扬，飞扬，这地面上有我的方向。”读完这一节诗，大家有什么感觉？（学生：飘逸）“雪花”“潇洒”“方向”“飞扬”，这几个词都是押“ang”这个韵的，富有音乐性。这首诗一节有五行，共有四节，形式上很整齐。这其实就对应着新月派所说的建筑美、音乐美、绘画美。通过听觉、视觉的一种配合，感受到徐志摩的诗歌是有规矩可言的，并不是随意写作。按照闻一多的说法，写诗就是“戴着镣铐跳舞”。自由要有节制，才能够体现更多的美感。闻一多在这方面是一个积极的实践者，如他的代表作《死水》，我们经常把它称作体现“三美”的经典性作品。

这是一沟绝望的死水，
清风吹不起半点漪沦，
不如多扔些破铜烂铁，
爽性泼你的剩菜残羹。

也许铜的要绿成翡翠，
铁罐上绣出几瓣桃花；
再让油腻织一层罗绮，
霉菌给他蒸出些云霞。

让死水酵成一沟绿酒，
漂满了珍珠似的白沫；
小珠们笑声变成大珠，
又被偷酒的花蚊咬破。

那么一沟绝望的死水，
也就夸得上几分鲜明。
如果青蛙耐不住寂寞，
又算死水叫出了歌声。

这是一沟绝望的死水，
这里断不是美的所在，
不如让给丑恶来开垦，
看他造出个什么世界。

这首诗从视觉上来看有什么样的特点？（学生：整齐）大家知道豆腐都是很整齐的正方块，这首诗与豆腐块的形状相类似，每一节、每一行字数都比较固定，这就是建筑美。再看它对色彩的运用，你们都见过臭水沟，尤其是下雨之后的臭水沟里面有青苔、白沫，很臭很脏的，谁都不愿意靠近。但是闻一多却“化丑为美”：“铜的要绿成翡翠，铁罐上绣出几瓣桃花”，“死水酵成一沟绿酒，漂满了珍珠似的白沫”。发臭的死水竟然拥有了这么多的色彩：绿色、桃花、白色，这些对比鲜明的色彩碰撞在一起，臭水沟的形象就变得非常鲜明，这就是色彩美。臭水沟上空有一些蚊子在嗡嗡地飞来飞去，青蛙在臭水沟旁边乱叫，我们就能感受到死水的臭和脏中没有任何的希望。这首诗的每一句，音节都是比较固定、有规律的，这就是音乐美。一首诗要讲究那么多的技巧，既要顾虑到视觉方面的效果，又要照顾到音律，确实很不容易。

当时很多人都在质疑闻一多、徐志摩他们这样的创作，认为诗歌应该由自由的诗行组成，不应该讲究这么多节制，这也导致了20世纪20年代有关“自由”与“格律”的争论。像郭沫若的诗歌，湖畔诗社的作品都是自由诗，突然来了“格律”，认为有些复古的成分夹杂在里面。但是新月派的格律实验因为徐志摩英年早逝而停滞，闻一多后来转向了古典文学研究，很少去写诗了，另外的新月派诗人朱湘也是英年早逝，林徽因的主业是建筑艺术，并非专业的诗人。随着徐志摩的去世，新月社逐渐解散，格律诗的创造，也暂时画上一个句号。

以李金发为代表创作的早期象征派诗歌，大家可能在现代文学史的课堂上了解到一些。李金发绰号“诗怪”，似乎和唐代诗人李贺的风格相似。李金发在诗中运用的很多词语、意象在当时令人难以理解。法国诗人波德莱尔，是象征派的领军人物，他的很多诗歌中都有“以丑为美”的写法，他能够把捡破烂的人、在街上随便溜达的老头写进诗中，把令人作呕的意象写成非常唯美的诗句，其代表作是《恶之花》。李金发的诗作可以说是中国的“恶之花”，李金发是广东人，从小在私塾里读书，长大之后，赴法留学，在雕塑方面有很深的造诣。同时，他接触到了波德莱尔等象征主义诗人的作品，他感到这些法文诗歌和国内当时流行的很多诗歌不同，在中国的土壤上前所未有。基于此，李金发创作出一些具有象征主义意味的作品，令人感觉很怪，如他的代表作《弃妇》：“长发披遍我两眼之前，/遂隔断了一切羞恶之疾视，/与鲜血之急流，枯骨之沉睡。/黑夜与蚊虫联步徐来，/越此短墙之角，/狂呼在我清白之耳后，/如荒野狂风怒号：/战栗了无数游牧。”

什么叫弃妇？被抛弃在荒郊野外的一个流浪妇人，精神状况出现问题，披头散发，穿着破破烂烂的。李金发对这个妇人心理活动的描写：“黑夜与蚊虫联步徐来”，“狂呼在我清白之耳后”。她内心的忧愁，怎样去形容呢？“夕阳之火不能把时间之烦闷/化成灰烬，从烟突里飞去，/长染在游鸦之羽，/将同栖止于海啸之石上。”诗中语言很奇怪，既不像现代汉语，也不同于古代汉语，更像是古代汉语和现代汉语的融合。其中用了很多关联词“之”，“之”的意思是什么？（学生：“的”）助词“的”。这是古代汉语的用法，然后李金发又用了具有象征性的一些意象，如“游鸦之羽”。“乌鸦”在西方的语境中，常被视为不祥的象征。乌鸦满天飞，弃妇在荒郊野外奔跑着，这是很阴郁的画面。“时间之烦闷化成灰烬”，一个普通妇人的脑海中，肯定想不出来这样的词语，但是李金发接触到了法国的象征主义诗歌，就有意识地把中西的意象嫁接在一起。这首诗里还运用了一些方言，如“烟突”在粤语中是指屋顶上的烟囱。因此，《弃妇》里面有好几种语言：普通话、方言、古代汉语，还有一些来自法国的元素。这样的诗歌表达方式在20世纪20年代并不受欢迎，其原因是李金发作为初期象征派的代表诗人，还没有把诗歌的语言锤炼到炉火纯青的境地。实际上，20世纪20年代的诗人对诗歌都是处于一种探索的阶段。比如穆木天，他也是初期象征派的诗人，他提出了“纯诗”，讲究朦胧、暗示、自我感觉的呈现。但是，他在象征主义的路上也没有走太远，随着九一八事变的爆发，穆木天的故乡东北沦陷，他很快转向，成为左翼诗人。而我们对于中国现代诗歌的认识，也随着穆木天的转向，从20年代转向了30年代。

现当代诗歌脉络梳理之二：20世纪30年代的作品

20世纪20年代虽然诗人、流派很多，但是我们熟知的只有郭沫若、徐志摩等少数几位诗人。为什么20世纪20年代的诗学脉络发展得这么快，出现的流派那么多，但是它给人的印象却不深呢？一个时代产生一定的文学，五四新文化运动之后一段时间里，中国社会迅速发展，思想运动风起云涌，涌现许多诗歌流派、诗人。这个时期，可以说是一个新诗的初创期，出现的很多诗人、作品都是不够成熟的，但是到了20世纪30年代，新诗的发展就进入了一个新的阶段——“纯诗”，就是强调诗的一种纯粹的艺术性。它的代表人物穆木天提出的诗学观念：诗歌要讲究朦胧、讲究暗示，纯粹是讲艺术、讲语言，也受到了西方象征派的一些影响，如波德莱尔、魏尔伦等诗人，突出了诗歌的朦胧性。

穆木天，一位出生于东北的诗人，在日本留过学，也接受过一些西方的文化，对法文有着非常深的造诣，翻译了很多法国的作品，如雨果、巴尔扎克的作品，可以说他是把法国文学介绍到中国的前辈、先锋，因而他的诗学理念也由“纯诗”往“大众化”转型。九一八事变之后，穆木天的家乡东北沦陷了，他从东北来到了上海，和一些志同道合的诗人共同组织起“中国诗歌会”，这时候他感觉诗歌不再是“纯粹的艺术”的表现，而是需要承担更强烈的时代责任、社会责任，为底层老百姓、为救国救亡发出自己的声音。我们来比较一下穆木天转型前后的作品，首先来看他前期的诗歌《落花》，这是穆木天作于1925年的一首诗。这首诗用的意象“落花”给人的感觉是很轻盈的，隐隐的有一种感伤。诗歌就是象征，落花象征着一个游子的一生，或者象征着飘零的感觉，他又强调了朦胧、轻盈的写作理念，这是穆木天早期诗歌的创作风格。但是到了20世纪30年代，穆木天加入了“中国诗歌会”，一个激进的、革命的，为广大老百姓代言的组织：“要使我们的诗歌成为大众歌调，我们自己也成为大众的一个。”这种说法就富有创见，之前很多诗人都是高高在上、强调“自我”的，如郭沫若早期的诗作《天狗》，那个年代都是强调“我”的位置，“我”能够把全宇宙的能量都吸收在身上。然而，到了革命的年代，中国的国土面临沦亡的时候，诗人的新理念就是从一个追求“纯诗”的诗人，到一个为大众代言、为老百姓奔走的诗人，我们管它叫作“大众化”。穆木天转型后的诗歌《守堤者》使用的诗歌语言是非常通俗易懂的，我们读了这几行字之后，就知道他要表达救亡图存的意思。诗人呼喊老百姓起来反抗，守住大堤，不要让帝国主义夺取水库。他的意思、定位都很明确，就是动员男女老少起来进行抗战。这样的艺术转变，就是由“纯诗”向“大众化”的转折。

其实，在20世纪30年代之后，随着左翼文学的兴起，很多以往追求“纯粹艺术”的诗人，都在逐渐地“向左转”，转向了革命、转向了抗战，这种倾向到1937年之后更加明显。因为此时，国土一点点地沦陷，被日本人一点点地侵略，诗人们爱国救亡的情绪更加高涨。我们再来讲另外一位左翼诗人臧克家，其代表作《老马》可以说是一首经典作品。臧克家作为一位左翼诗人，他能够将对语言艺术的强调与社会责任感两者密切地结合在一起，为农民代言，写农村的生活，我们所熟知的《老马》《罪恶的黑手》等，都有革命性的倾向。《老马》这首诗是：

总得叫大车装个够，
它横竖不说一句话，
背上的压力往肉里扣，
它把头沉重地垂下！

这刻不知道下刻的命，
它有泪只往心里咽，
眼里飘来一道鞭影，
它抬头望望前面。

仔细回顾《老马》这首诗，很整齐，读起来很顺口，能够非常清楚地捕捉到诗人要表达的意思。说明臧克家能够把新月派所谓的格律和“大众化”的语言句式结合在一起，这种尝试还是非常新颖的。这首诗其实也运用了象征手法，“老马”象征着什么？劳动人民。“老马”是被人抽着鞭子往前走的，而老百姓也是被地主、资产阶级压迫的。把动物的命运与老百姓的命运联系在一起，我们就能看到诗歌对象征的运用已成熟。左翼诗歌其实不乏艺术感，只不过它们所要表达的主题是为人民的，让所有人都能够读得明白。我们再看与臧克家等左翼诗人不尽相同的一类诗人，所谓的“现代派”。

20 世纪 30 年代的现代派诗人深受西方现代主义的影响，其诗歌艺术大多具有象征性、暗示性。不过，现代派比穆木天20年代“落花”式的艺术层次又高了一层。如果我们去细读李金发的《弃妇》的每一句话，可能就感觉到有点陌生、晦涩，这说明李金发的诗歌语言还没有达到非常成熟的境界。然而，如果我们去读30年代以卞之琳、何其芳、戴望舒为代表的现代诗歌，一方面会感觉到似曾相识，好像它们是从中国的古典诗词那里汲取了很多的经验；另一方面能感到诗歌贴近我们现代人的生活。比如，戴望舒的《雨巷》中描写的“你在下雨天，走在一条小巷子里，迎面走过来一个撑油纸伞、穿着旗袍的漂亮姑娘，你忍不住多看她几眼”。这种情况在日常生活中似乎都有体会，而古诗词中也有类似的描写下雨天的句子。这就说明卞之琳、戴望舒他们已经把中国的古典诗词和西方的现代派艺术糅合在一起了。

《雨巷》的作者戴望舒，有“雨巷诗人”的标签，这说明《雨巷》这首诗足够经典。戴望舒的写作其实分为几个阶段，他个人的诗歌理念也是随着时代的发展而有所变化的。“雨巷诗人”其实是他早期的风格，1928年，戴望舒的《雨巷》就已经诞生了：

撑着油纸伞，独自
彷徨在悠长，悠长
又寂寥的雨巷，我希望逢着
一个丁香一样的
结着愁怨的姑娘
她是有
丁香一样的颜色
丁香一样的芬芳

丁香一样的忧愁
在雨中哀怨
哀怨又彷徨
她彷徨在这寂寥的雨巷
撑着油纸伞
像我一样
像我一样地
默默彳亍着
冷漠、凄清，又惆怅
她静默地走近
走近，又投出
太息一般的眼光
她飘过
像梦一般的
像梦一般的凄婉迷茫
像梦中飘过
一枝丁香地
我身旁飘过这女郎
她静默地远了，远了
到了颓圮的篱墙
走尽这雨巷
在雨的哀曲里
消了她的颜色
散了她的芬芳
消散了，甚至她的

太息般的眼光
丁香般的惆怅
撑着油纸伞，独自
彷徨在悠长，悠长
又寂寥的雨巷
我希望飘过
一个丁香一样的
结着愁怨的姑娘

这首诗中有一种淡淡的忧愁，如果你是男性，在下雨天独自走在小巷子里，你突然发现对面走来一位姑娘，她长得很漂亮，撑着一把油纸伞，穿着旗袍，并且还带着“丁香般的惆怅”，你会对她产生什么样的感觉呢？诗人的情感比普通人更丰富，他善于把个人的情感投射到他所观看的对象中去，他看到这个姑娘向他这边走来了，一方面，是这个姑娘本身，她可能真的让人感受到一种丁香一样的哀愁；另一方面，诗人本身可能也有一种淡淡的哀愁在心里存放着，他把自己的情感投射到他对面走来的这个姑娘。这种情感，我们说既是古典的，也是现代的。“古典”是指什么呢？诗中所用的“雨”“丁香”都是古典的意象，如李煜的诗词，我们就能感受到诗中有很强的哀伤意味，大自然的意象触动了诗人个人的情感。但是《雨巷》中其实也蕴含着非常强的现代因素，为什么《雨巷》是现代诗，不是古典诗歌，是因为它反映了现代人的心理。

我们来看另外一首诗，比较一下。这是法国象征派诗人波德莱尔非常有名的一首诗《给一位交臂而过的妇女》。同样是在街上遇到一名女子，波德莱尔是怎么去写的呢？他于人海中看到一名女子，这名女子对波德莱尔来说是与众不同的："她的眼中像孕育着风暴的铅色天空。"波德莱尔看见这名女子之后的心态是什么呢？"我像狂妄者浑身颤动。"他感觉到和女子之间发生了一种"触电"般的感觉，或是称作"一见钟情"。在这名女子身上，诗人看到了自己心中所潜藏的"美"的要素，但是他也知道和她之间不会再发生什么，因为他们之间只是擦肩而过的路人关系："今后的我们彼此都行踪不明，尽管你已经知道我曾经对你钟情。"这其实就表达了现代人的理念：在我们这个世界上，很多情感都是转瞬即逝的，没有什么是一成不变的，现在你们还相信永恒的爱情吗？尤其是像大街上来来往往的人群中，你看到一个女孩子，觉得可能会和她产生交集，但实际上什么都没发生。这种转瞬即逝的感觉、擦肩而过的情感，我们叫作"现代性"。"一切坚固的东西都烟消云散了"，这就是现代性，大都市中所蕴藏的一种感觉。稍纵即逝，这就是波德莱尔对女性的感觉，戴望舒在雨巷中对"丁香一样的结着愁怨的"姑娘的感觉。"我"和姑娘最后发生了什么？只是擦肩而过的陌生人、路人甲。但是情感却留存了下来，并且转化成了诗歌，变成了经典，这就是诗歌的艺术魅力。

戴望舒的诗歌艺术并不是仅局限于《雨巷》时期，他一直在突破自我。我们再来看戴望舒的《烦忧》，这首诗只有八行。"说是寂寞的秋的清愁，说是辽远的海的相思，假如有人问我的烦忧，我不敢说出你的名字。"这是前半部分。而后半部分，实际上是把前半部分的语序调换了一下，形成了对称的感觉。"我的烦忧"是什么？其实就是"你的名字"。戴望舒把象征的感觉和他个人的情感用很简单的语言表现出来了。伟大的诗歌、经典的艺术，并不需要非常长的篇幅。

戴望舒的最后一个创作时期是他达到了艺术水平的高峰的时期，这也是他的思想发生了"质的改变"的时期。抗战让很多诗人发生了变化，戴望舒是其中之一，可以说他早期的许多作品给人以清新、忧郁的感觉，并没有紧扣时代主题。就说《雨巷》吧，普通老百姓在底层为生存而奔波的时候，谁会去留意那个“丁香一样的结着愁怨的”姑娘？他可能就只关心我今天又赚了几块钱，给老婆孩子攒了多少钱，对于爱情等非常微妙的情感，捕捉得没那么敏锐。戴望舒早期可以算是“纯诗”诗人的代表，但是在抗战开始后，他就感受到诗人还要有社会责任感，必须承担起社会的、时代的使命，于是创作出了很多有革命倾向、抗战倾向的诗篇。他后期最经典的一首诗歌《萧红墓畔口占》，仅仅四行就写出了这种韵味来。

萧红，一位很有才气的女作家，她的爱情经历、身世都非常坎坷，而且英年早逝。《萧红墓畔口占》这首诗是戴望舒在她去世之后创作的。什么叫口占呢？就是在特定的情况下，没有经过精心的打磨，没有非常刻意地去写，脱口而出的几句诗。我们来看看这里面所用的意象，所表达的情感，逐字逐句地用细读法来分析。“走六小时寂寞的长途”，“六小时”是什么概念？为什么不骑车，不坐车呢？走六小时多累，而且这六小时是什么样的感觉？“寂寞”。一个人走这么长时间有什么意义呢？“到你头边放一束红山茶。”戴望舒用的词语非常微妙，他没有用“到你坟前”放一束花这种可怕的场景，而是用“到你头边”，就好像萧红睡着了，在她的头边轻轻地放一束象征坚贞、高洁的红山茶，这就和萧红个人的品质联系在一起。“我等待着，长夜漫漫，你却卧听着海涛闲话。”“我”等待着什么？“长夜漫漫”，战争不知道何时结束，“我”在人世间是等待、面临着漫漫无际的长夜。而“你”呢？对于这个世界来说，“你”已经解脱了、释然了，卧听着“海涛闲话”。从这里可以看到戴望舒后期的作品，对于人生的思考、对生命的认识上升到一个新的高度。

我们把目光投向20世纪30年代的北平（今北京）。随着国民政府定都南京，北平在一段时间里仅仅剩下了文化的功能，北平作为“文化古城”，北京的大学便成了文化的天堂。当时的北大、清华、燕京等大学就走出了很多校园诗人。如当时的校园诗人卞之琳、何其芳、李广田，他们所写的诗歌具有中西结合的特质，并富有人生的哲理。比如，卞之琳的《断章》里的诗句：“明月装饰了你的窗子，你装饰了别人的梦。”这里面要表达的是一种相对感，就好像人世间万事万物都是相对的，并不是绝对的。这种相对的观念可以说是贯穿于卞之琳所有诗歌中的，我们再看他的另外一首诗《无题》：

我在散步中感谢
襟眼是有用的，
因为是空的，
因为可以簪一朵小花。
我在簪花中恍然
世界是空的，
因为是有用的，
因为它容了你的款步。

我们之前也学过名为《无题》的诗歌，像李商隐的《无题》，虽说名字叫《无题》，其实是有意义的。而卞之琳的《无题》，想表达什么样的情感和意义呢？“襟眼是有用的”，“襟眼”是什么？民国时期的人们都穿着旗袍、马褂等衣服，衣襟部分往往都有盘扣，这么一个小小的扣眼儿，它的作用是可以簪一朵小花。它虽然非常小，但是却大有用处。诗人在簪花的时候，心里想道：“世界是空的，因为是有用的，因为它容了你的款步。”世界因为你的存在，而变得丰富多彩。从一个扣眼儿，一朵小花，联想到整个世界，联想到人的存在，我们叫它“小大由之”。“小”和“大”、“空”和“充盈”之间的关系是相对的，卞之琳是一个很善于思考的诗人，他认为万事万物的存在皆有意义，相互之间也有关联，因为卞之琳更多地关注细节方面的哲理，他称自己 20—30 年代前期的诗歌思想为“小处敏感，大处茫然”。他能够“从一粒沙子里看到天堂”，但是对于大的时代，他却显得有些淡漠。卞之琳于 1935 年写下《无题》，这时华北地区已经面临日军的侵袭，当时的北平也发生了一二·九运动等。这时的卞之琳更多的还是醉心于自己的诗歌艺术，他的思想发生转变是在卢沟桥事变之后。华北沦陷，很多师生从北京出发，通过走路、坐船等方式，长途跋涉，最后到云南建立新的学校，即西南联大。像卞之琳这样的诗人，对于中国的社会现实才有了更多的了解。在抗战时期，卞之琳作为战地记者来到晋察冀，他看到了聂荣臻元帅率领的八路军在前方英勇作战的情景，非常感动，写下了标志他诗风转变的《慰劳信集》。从这个时候起，他的思想就开始了转变。

抗战改变了很多诗人，何其芳就是其中一位。何其芳早期的诗歌作品也是将古典与现代相结合的，将情感和艺术融为一体。如他前期的代表作《欢乐》，他在问读者，当然可能也是在问他自己：“欢乐是什么颜色？”不同的人对欢乐有不同的定义，何其芳这首诗中用了很多象征：“白鸽的羽翅”“鹦鹉的红嘴”，这都是很具体的意象。“欢乐是怎样来的？从什么地方？”我们会感到正因为他没有欢乐，才会不断地去询问别人。“对于欢乐，我的心是什么？”是“盲人的目”。他看不见欢乐，他的心对欢乐的感觉是封锁的状态。这说明何其芳这个时候还是带有一点忧郁的诗人，他的诗歌给人的第一印象是带着淡淡的感伤。抗战期间，何其芳在延安鲁迅艺术学院当教师，他在延安的所见所感，使他的思想发生了变化，他不再是一个忧郁的诗人，他认为诗歌要积极地和时代结合在一起，要为时代代言，为少男少女们歌唱："我歌唱早晨，我歌唱希望，我歌唱那些属于未来的事物。"何其芳在为别人歌唱的同时，他自身的忧郁、悲伤也消失了。面对着社会的转换、时代的变迁，何其芳不断地抛弃个人化的情感，不断地与社会接轨，与时代同化。

"汉园三诗人"之一李广田（另外两位是卞之琳、何其芳），是从农村走出来的诗人。李广田给自己的身份定位就是"地之子"，他是土地的儿子，要为自己家乡代言，他的诗风相对而言比较朴实。《地之子》这首诗，写出了李广田的深情："我是生自土中，来自田间的，这大地，我的母亲，我对她有着作为人子的深情。我愿安息在这土地上，在这人类的田野里生长，生长又死亡。"中国本质上还是乡土社会，费孝通最经典的作品《乡土中国》，相信有些学生可能读过。虽然我们现在很多学生都住在城市或者县城，但是往上推三代，绝大多数人都是农村出身的。从农村进入城市的诗人，对于农村的眷恋还是非常深厚的，如后面还要讲到海子为什么执着地写村庄、写麦田，因为他就是一个农村的孩子，他的心里对养育他的土地有着非常深厚的眷恋。李广田也是这样的一位诗人，虽然他进入了城市，但是他仍自定位为"地之子"。很不幸的是，1968 年 11 月，李广田被迫害致死。我们发现整个 20 世纪三四十年代，甚至五六十年代的诗歌和时代总是保持紧密的联系，它能够反映一个时代的变化，如大家也很熟悉的"七月派"。"七月派"的代表诗人都有谁？（学生：艾青、胡风）

大家所熟知的艾青，早期的很多作品在胡风的帮助下发表在《七月》杂志上。1937 年抗战全面爆发后，除了日军的轰炸之外，国民党政府也对刊物进行审查，出本诗集很难，对诗人的控制非常严格，尤其是像胡风、艾青这些具有一定的左翼思想、靠近共产党的诗人，他们的处境很危险，艾青就是在颠沛流离中，写下了很多著名的诗歌。艾青是浙江人，原名蒋海澄，大家都读过《大堰河——我的保姆》吗？艾青刚出生时，家里比较封建，觉得这个孩子不太吉利，就把他送到一个叫作“大堰河”的保姆家，把他抚养长大，他对于这个奶母非常感恩，长大之后，就写下了这首诗来纪念他的保姆，把她当作自己的亲生母亲一样去写。

艾青还是一位很出名的画家。在杭州西湖可以看到艾青当年读书的学校——国立杭州西湖艺术院。他还在巴黎学过绘画，在国外学习艺术的时候，开始接触诗歌，很多中国现代作家都是在国外留学的时候接触到西方的诗歌，如前面我们讲过的李金发，他也有过留法的经历。所以说，很多法国作家、法国诗人都对中国诗人影响很大，大家可以想一想，为什么是法国呢？（学生：思想开放，现代艺术流传最广）这只是一方面，另外一点就是法国文学是非常多元化的，有现实主义的，如大家熟知的雨果、巴尔扎克这些现实主义作家。还有浪漫主义的、现代主义的，对中国作家的影响也是很多元化的。艾青在法国对诗歌有了自己的理念和想法，回国之后就开始写诗，由于带有一定的左翼倾向，艾青曾被国民党关进监狱，在监狱里，他一边翻译，一边写诗，写出了著名的诗歌《大堰河——我的保姆》。出狱之后的经历丰富，先从上海到武汉，又从武汉到延安，后面又到了桂林。在这个时期，他做了很多有益的事情，如办刊物、写诗、参加革命活动。有人甚至认为他是中国数一数二的大诗人。下面我们来看艾青的代表作《我爱这土地》：

假如我是一只鸟，
我也应该用嘶哑的喉咙歌唱：
这被暴风雨所打击着的土地，
这永远汹涌着我们的悲愤的河流，
这无止息地吹刮着的激怒的风，
和那来自林间的无比温柔的黎明……
——然后我死了，
连羽毛也腐烂在土地里面。
为什么我的眼里常含泪水？
因为我对这土地爱得深沉……

这首诗里有非常强烈的警句成分，如最后两句：“为什么我的眼里常含泪水？因为我对这土地爱得深沉。”直到今天，我们还在反复地去引用这两句诗，可以说爱国是永恒不变的主题。身为中国人，我们都有古典的记忆在脑海里面，尤其是到抗战这个非常关键性的节点，对于土地的热爱就和对国家的热爱联系在一起，如果“你”是一只鸟，“你”死了之后羽毛都要腐烂在这个土地里面，就说明“你”与土地、国家之间形成了一种非常亲密的联系。这种爱国的情感从20世纪30年代一直流传至今，从未断过根。艾青的另一首代表作《向太阳》极富画面感，当你阅读这首诗歌时，就能联想到相应的画面，如他写道“太阳向我滚来”，对色彩的描绘，是带有他对艺术的独特理解。

20世纪30年代要讲到的最后一个诗歌流派，是和河北联系比较紧密的晋察冀诗派。河北在某种程度上，是由几个区域拼起来的省份。比如，廊坊和北京、天津联系非常紧密，往南，像石家庄、保定、邢台、邯郸这一块，才是最早意义上的河北。河北北部的一些地区，如张家口在抗战时期叫作察哈尔省，然后再向东一点，承德，包括唐山的一部分，抗战时期叫作热河。在几省交界的地方建立根据地，其实是一个非常明智的选择。共产党在这些地方建立根据地，就有非常大的把握消灭敌人。那时候的条件比较艰苦，交通非常闭塞，老百姓文化程度不高，与外界的交流不多，甚至有些地方还是非常闭塞保守的。在这里进行抗日宣传，就要因地制宜，结合地域文化、老百姓所接受的文化。那种很优美的“纯诗”，老百姓根本听不懂，更不用说欣赏了。但是如果写墙头诗、街头诗，在抗战时期就非常有宣传效果，老百姓到地里干活的时候，一抬头就能看到田间写的诗歌，这样的作品才能为他们所接受。田间就是在这种情况下出名的。

田间一开始想去延安，后来延安发动一些文化人到晋察冀前线去宣传。田间就和丁玲一起穿越敌人的封锁线，来到了晋察冀，来到了河北，并且他再也没有离开过河北，甚至很多人都认为他是河北土生土长的诗人。当然他的诗歌是要配合抗战宣传的，所以标语化、口号化的特点也是在所难免的。他的街头诗每一句都很短，排列错落有致，如《给战斗者》的第一节：

光荣的名字
——人民！
人民呵，
站在芦沟桥
迎着狂风，
吹起冲锋号；
人民呵，

在辽阔的大地之上

巨人似的，

雄伟地站起！

这也让我们想到20世纪五六十年代的楼梯体，其实是一脉相承的。可以说，田间的出现，意味着20世纪30年代的诗歌进入了一个高潮。

现当代诗歌脉络梳理之三：20 世纪 40 年代的作品

20 世纪 40 年代战争频繁，社会发生了翻天覆地的变化，基于此，这个年代的诗歌和抗战之前的诗歌有所不同。区别表现在哪些方面呢？第一，就是在于 20 世纪 40 年代的诗歌风格偏向于政治，主要反映抗战时期人民的艰苦奋斗。20 世纪 30 年代，诗歌创作比较多样化，既有对农民生活的描写，也有对城市生活的描摹，因为在 1937 年之前，好多诗人并没有体验过抗战的生活，也不清楚以什么样的姿态去面对被侵略的事实。1940 年之后，许多诗人开始觉醒，谱写自己对抗战的见解，反映抗战的诗歌数量有所增多。同时，这个年代的诗人也开始转向对人生、对哲思的探讨。最典型的诗人就是冯至，他将对民族、国家、个人命运、宇宙的探讨上升到一个新的高度，这从他的诗歌的内涵中可以看到。

第二，20 世纪 40 年代的诗歌，相较于二三十年代的诗歌，更具有综合性的特点。20 世纪 20 年代是新诗的初创期，出现的诗人流派虽然很多，但绝大部分都还不十分成熟。20 世纪 30 年代出现“纯诗”诗人卞之琳、戴望舒，“大众化”诗人臧克家、穆木天以及田间等。像这样风格分明的诗人，在 20 世纪 40 年代他们的创作也得到了进一步延续，这也是和当时的社会背景有关系。20 世纪 40 年代的社会主题，以战争为主要背景，但在一个毁灭的时代，也蕴含着一种新生的力量。1945 年日本无条件投降之后，诗人对世界、对人生的理解也发生了很大的变化。首先，介绍冯至，鲁迅曾经对他有过非常高的评价“中国最杰出的抒情诗人”。当然，鲁迅对冯至诗歌的认识体现了他早期的创作风格。冯至是保定涿县人，即现在的涿州。中华人民共和国成立之后，他在北大教授德文，是一位很出名的诗人、翻译家、学者。

冯至对中国诗歌的贡献，一是创作，二是翻译，他把很多知名德文诗词作品翻译成中文，如里尔克的诗章《豹》等。在 20 世纪 20 年代，冯至写的《蛇》中有这样的诗句：“我的寂寞是一条长蛇”，呈现出年轻人对寂寞的一种理解。尤其是当一个人独处时，会感到寂寞和孤独。年轻时的冯至也有这样一种感觉，在他的第二部诗集《北游及其他》中，能够体现出他对孤独的认识。那时，冯至北上来到了哈尔滨，在一个举目无亲的环境中，倍感孤独，所以冯至早期把孤独感写进了自己的作品中。随着人的心智、风格逐步地走向成熟，抗战带来了转变的契机。很多诗人因为抗战转变了自己的诗歌风格，如卞之琳、何其芳、戴望舒等。冯至的人生转变有两个契机：一是在德国留学期间，他接触到了里尔克这样的大诗人，里尔克是把人生的哲理与对文学、诗歌的思考，甚至与宗教融合在一起，创造出了一种前所未有的诗歌，即将古典、现代融为一体。冯至将里尔克的作品翻译成中文，这是他转变的一个契机——接触到外来的文化，对自身的风格产生了影响。二是时代的变化，即抗战。抗战时期，很多教授、学者、学生，从北京、天津长途跋涉到云南，建立了西南联大，重新开始了学习和生活，这样的环境变化促使冯至继续对人生产生了思考。他在想：

我们的人生究竟有什么意义呢？诗歌对于生命而言又有什么意义呢？《十四行集》就是冯至这个时期的代表作。十四行是一种源于国外的诗歌写作形式，一首诗由十四行组成，并且它的韵脚有一定的变化，从英文诗歌来看，这种变化更为明显。冯至将十四行诗彻底地中国化，与中国的环境、中国的语言相结合，形成了自己的创作风格。他从浪漫主义移向哲思化或者说综合化，这其实是非常伟大的转变。

我们介绍一下诗人里尔克。里尔克出生于奥地利，是一位非常杰出的德语诗人，他的作品有着非常强烈的宗教感，他探讨上帝和人的关系、人的俗世世界和宗教世界的关系，也在不断地发掘：我们的人生究竟有什么意义，人生到底为何而存在。而冯至将里尔克的作品翻译为中文，先来看冯至对里尔克作品的翻译节选："没有房屋就不必建筑，谁这时孤独就永远孤独，就醒着，读着，写着长信，在林荫道上来回不安地游荡，当着落叶纷飞。"在秋天的时候，在落叶纷飞的时候，你再去读这几行诗，可能感触会更深。

这里面又有了一种孤独，里尔克对孤独的认识是这样的：孤独并不是可怕的，也不是异类、非常态的，而是时刻伴随着我们的一种情感，我们不仅要容纳它，而且要接受它，甚至说要去忍耐这种情感。里尔克还有一部非常著名的作品《给青年诗人的十封信》，是他给青年诗人写的一些信的合集。冯至把它翻译得也很好："好好的忍耐，不要沮丧，你想如果春天要来，大地就使它一点点地完成，我们所做的最少量的工作，不会比起大地之于春天更为艰难。"我们现在正是一个从冬天走向春天的过程，有些树的枝条已经逐渐变黄了，有些树还长出了骨朵，好像过不了多久就要开花。感觉春天快要来了，但实际上还没来，令人失望。就如我们的人生，何尝不是如此，我们的生活其实也是在不断等待、忍耐中度过。我们现在的生活，所要做的就是把手头的工作、学业做好，慢慢地去等待春天到来。

冯至在很多年前就把里尔克的思想带到了国内，而他自己的作品也逐渐地呈现出对人生、对个体存在的思考。看一看冯至写的十四行诗中的一首——《从一片泛滥无形的水里》：

从一片泛滥无形的水里，
取水人取来椭圆的一瓶，
这点水就得到一个定形；
看，在秋风里飘扬的风旗，

它把住些把不住的事体，
让远方的光、远方的黑夜，
和些远方的草木的荣谢，
还有个奔向远方的心意，

都保留一些在这面旗上。
我们空空听过一夜风声，
空看了一天的草黄叶红，

向何处安排我们的思、想？
但愿这些诗像一面风旗，
把住一些把不住的事体。

这首诗的形式是十四行诗，排列非常整齐，每一行诗的文字大体相同，尤其要注意的是诗中使用的意象。水本是无形的，怎样让水变成有形状的呢？装在瓶子里、杯子里，它就有了形状。风是没有形状的，但是风会随着旗子的飘动有了形状。“风旗”其实是一个象征性的符号，它锁定了很多我们看起来虚幻的意象，如“远方的心意”，还有“草木的荣谢”，如果通过主观的感觉，你就把握不住，但是通过“风旗”这么一个具有象征性的符号，就能把人生中把握不住的东西都锁定。最后四句其实是这首诗的点题，空看了一天的草黄叶红，那我们的思想安排去何处呢？思想，是非常主观、流动性非常大的，怎样去捕捉它，让它成为一种固定的东西呢？冯至把希望寄托于诗歌，他希望诗像风旗一样，固定住我们的思想，把我们的人生，以及所有人类的命运，以诗歌的方式固定下来、记录下来。所以说，冯至的诗歌有非常强烈的哲理性，他把思想、哲理用诗的方式体现出来，这是他非常大的贡献。

除了冯至之外，20 世纪 40 年代还有“九叶派”诗人。九叶派并不是一个风格非常一致的群体，1981 年《九叶集》出版之后，才有了九叶派这个称呼。而在 20 世纪 40 年代，这些人没有形成统一的理念，只因崇尚现代主义，对西方的文学有着深入的见解，并且把西方的文学作品风格和中国的社会环境密切结合在一起，所以看起来他们好像是一个整体。

今天主要介绍九叶派诗人穆旦，他的作品在 20 世纪 40 年代具有象征性意义。穆旦曾在西南联大接受过高等教育，同时又受到了西方诗人的影响，如里尔克、艾略特、奥登等。他们的现代派风格对中国诗人产生了很大影响。即便是 20 世纪八九十年代的中国诗人，也从这些外国诗人的身上汲取营养。此外，我们还能发现很多现代诗人，他们不仅创作诗歌，而且还翻译诗歌，一边翻译诗歌一边思考中国诗歌的出路。穆旦祖籍是浙江海宁，出生于天津，并且在南开读过书，毕业于西南联大外文系。抗战时期加入了中国远征军，到缅甸参与抗战。他还经历过“野人山战役”，那是非常恐怖的一次战役，据穆旦回忆，他亲眼看到牺牲的士兵很快就被当地热带雨林里的虫子啃成了一具白骨。就在这样一种恐怖的环境中，穆旦生存了下来，并且在后期写作的时候，他对这个时期的生活有非常深入的思考：人很快地化作一具白骨，我们的生命，怎样才能有意义呢？人活着是为了什么呢？后来，穆旦曾去美国留过学，他的经历相当坎坷。先是意外地从自行车上摔下来，摔伤了，1977 年 2 月，突发心脏病去世。

穆旦姓查，笔名是将查拆分：上面是木字，下面旦字，拆出笔名：穆旦。穆旦对于中国现代诗歌的发展影响较大，我们来看他的代表作《还原作用》：

污泥里的猪梦见生了翅膀，
从天降生的渴望着飞扬，
当他醒来时悲痛地呼喊。

胸里燃烧了却不能起床，
跳蚤，耗子，在他身上粘着：
你爱我吗？我爱你，他说。

八小时工作，挖成一颗空壳，
荡在尘网里，害怕把丝弄断，
蜘蛛嗅过了，知道没有用处。

他的安慰是求学时的朋友，

三月的花园怎么样盛开，
通信连起了一大片荒原。

那里看出了变形的枉然，
开始学习着在地上走步，
一切是无边的，无边的迟缓。

这首诗其实是一首很纯粹的现代诗，它反映的就是现代人的生活，而且是“八小时工作制”下的一种“异化”的生活。“异化”是马克思提出的理论，人本来都是很自然、很正常地生活的，但是有一些东西却把人的精神给“异化”了，如现代社会高压式的机械文明。这首诗里的主角被形容为“污泥里的猪”，猪的生存状态是什么样的呢？很脏、很乱，在泥巴里生活着。但是猪也有自己的梦想，梦见自己会飞，我们见过会飞的猪吗？肯定没有。但是梦想还是有的，梦见自己长了翅膀。可是醒来之后怎么样呢？发现自己还是在泥巴里打滚的猪，没有任何变化，只能“绝望地呼喊”。这就象征着人生，有很多梦想，但现实生活却是“996”，这样的一种生存情况其实很难让人忍受。第二节，似乎是拖延症的一种表现：“胸里燃烧了却不能起床，跳蚤，耗子，在他身上粘着。”第三节，每天八小时的忙碌工作都把自己“掏空”了。现在的很多学生都是在学校里悠哉悠哉地听课，然后吃饭、睡觉、打游戏，没有太多的想法。一旦你进入社会，你就会发现忙碌的生活才是常态，这样的躯体就变成了“空壳”了。第四节，“他的安慰是求学时的朋友，三月的花园怎么样盛开，通信连起了一大片荒原”。这时候“他”又想到了什么呢？想到上学的时候，同学们一起在三月的花园里自由地玩耍，大家都是年轻人，都是非常开心的。等走向了社会，只有通过微信、QQ 联系，“他”才能够从中得到这么一点安慰。或许有时连微信都不愿意聊，就逐渐地和求学时的同学都失去了联系。最后一节，“那里看出了变形的枉然，开始学习着在地上走步，一切是无边的，无边的迟缓”。大家读过卡夫卡的《变形记》吗？人变形成甲虫，这其实就是一种“异化”。再过上几年，如果你们走向社会之后，再回想起这首诗，可能会有更多的感慨。人生的确是由很多“无意义”组成的。但是，如果想去发现生命的意义，还是要在平庸的现实中不断地去挖掘生活的诗意，就像冯至的诗所写，“虽然生活是这样的，但是你要忍耐”“工作而等待”。我们好好地上课、学习，去等待春天的到来，这是穆旦和冯至两位诗人给我们的认识，从中也能看出 20 世纪 40 年代诗歌的综合性，不仅仅以抒情作为单一的表现方式，更多是对社会的关注、对人生的认识。

20 世纪 40 年代的诗歌还有民歌体叙事诗，代表作是李季的《王贵与李香香》。讲述了王贵和李香香之间的爱情故事。王贵和李香香这两个西北农村的青年男女，受制于封建的束缚和地主的压迫，地主看上了香香，要强娶香香为妻，那就要反抗。反抗不仅是对自由恋爱的争取，同时也离不开共产党的支持。如果没有党的支持，崔二爷把香香给掳走了，两个年轻人的恋爱则会以悲剧而告终。另外，80 多年前，延安文艺座谈会的召开，标志着文艺为工农兵服务的思想从此深入人心，而《王贵与李香香》就是为工农兵服务的、大众化的诗歌。《王贵与李香香》节选：

山丹丹花开红姣姣，香香人材长得好。

一对大眼水汪汪，就像那露水珠在草上淌。

二道糜子碾三遍，香香自小就爱庄稼汉。

地头上沙柳绿蓁蓁，王贵是个好后生。
身高五尺浑身都是劲，庄稼地里顶两人。
玉米开花半中腰，王贵早把香香看中了。
小曲好唱口难开，樱桃好吃树难栽。
交好的心思两人都有，谁也害臊难开口。
王贵赶羊上山来，香香在洼里掏苦菜。

“山丹丹花开红姣姣”，这样的叙述方式是陕北民歌中比较常用的信天游的模式，类似于《诗经》运用的比兴手法，先用自然景物作为开头，后面引出要表现的人物。先说“山丹丹花”，再说“香香人材长得好”，用非常形象的比喻来形容香香长得漂亮，王贵又是怎样的一个好后生，他是备受年轻女性欢迎的勤快、能干庄稼活的一把好手。王贵与李香香两个人郎才女貌，男的能干活，女的勤劳贤惠，这样的男女搭配，才符合当时老百姓的择偶条件。李季并不是陕西人，是河南人，他为了参加革命来到陕北，当时并不是专业诗人，在一次办理公务的时候，李季听说一对青年男女，因为不满封建的压迫，两个人殉情了。这件事对李季的触动挺大，他本身也比较喜欢民歌，就把陕北的信天游和这样的爱情故事结合在一起。出于对现实的认识，就把这个故事写成了大团圆的结局。王贵与李香香的爱情观也很朴实，王贵问香香：“你交上个有钱的，生活不更好了吗？为什么要跟我这个干活的人过苦日子呢？”而香香说她“生来就爱庄稼汉，实心实意赛过银钱”，两个人之间的情感，是建立在对生活的一种朴实认知上的：劳动是光荣的，好吃懒做的懒汉、贪婪的财主，皆为年轻人所唾弃。

20 世纪 40 年代还有很多民间叙事诗，都成了经典。如阮章竞的

《漳河水》、张志民的《王九诉苦》等。它们往往具有以下特点：第一，这些诗歌的题材大多写男女之间的恋爱，写共产党怎样去帮助老百姓争取幸福，很通俗，而且还有一定的宣传力量。第二，它们采用的形式是民歌体、叙事诗，由于老百姓文化水平有限，对于“纯诗”的接受有限，不懂什么叫现代派，谁是里尔克，最熟悉的还是民歌。第三，民歌体叙事诗运用的都是通俗的语言，且带有一定方言色彩，如将陕西、山东、山西、河北等地的方言融入作品中，老百姓容易接受。可以说，从 1942 年延安文艺座谈会讲话之后，都通行一个信念，就是诗歌要与工农兵的需求相结合。

现当代诗歌脉络梳理之四：20世纪五六十年代的作品

1949年之后，诗人的思想及命运发生了很大的分化，一些诗人自觉地转化自己的诗风，书写光明，以歌颂为主。还有一些诗人不愿意改变作品风格，或者是转化得不太成功，这些诗人就逐渐地消失在20世纪五六十年代的文学史中。这些改变、变化，和国家的政治局势相关联（指1949年至1966年这一阶段的中国文学历程）。当时的文学和政治联系很紧密，诗歌也是如此，郭小川、贺敬之、“石油诗人”李季，还有李瑛、邵燕祥这些有过部队经历的诗人，都开始写政治抒情诗，歌颂祖国的新生活。那么，如何评价他们的艺术成就？在20世纪五六十年代，这些作品的确是主流的诗歌，并且达到了大众化的境界。但是，年轻人更愿意接受现代派的诗歌，而对于政治抒情诗，往往是口号式的，带有很强的宣传性，从心理上有点排斥，从审美的角度不会感兴趣，只是政治抒情诗在文学史上的地位是无法撼动的。

要想对诗歌史进行全面了解，政治抒情诗诗人不可忽视，今天重点讲的一位诗人就是郭小川。郭小川从河北丰宁走到延安，后来又到晋察冀，于1948—1954年任《群众日报》副总编辑兼《人众日报》

负责人。中华人民共和国成立后，1955年，他被推选为中国作协党组副书记、作协书记处书记兼秘书长，1962年，调《人民日报》任特约记者，郭小川于1970年随中国作协到湖北咸宁“五七”干校劳动锻炼。1976年10月18日，他在一场意外的火灾中不幸去世。

郭小川写的诗歌能够代表一个时代的审美风气，如“楼梯体”。“楼梯体”是由短到长、一节一节地组合起来的，这是跟苏联诗人马雅可夫斯基学来的。这种形式带有鼓动性、宣传性。不过，郭小川不是一个“口号人”“标语人”，他有自己的艺术追求，这些在他的叙事诗《白雪的赞歌》《深深的山谷》等作品中均有所体现。他也有过犹豫和矛盾，如果将郭小川与贺敬之进行对比，贺敬之从开始写作到后来成为领军性的诗人，始终保持着乐观、昂扬的诗学态度。但郭小川有时会对自我的价值与定位产生怀疑，尤其体现在《望星空》这首诗中。《望星空》给郭小川惹来了很大的麻烦，因为当时中国的整体格调都是以歌颂光明为主，突然间来了“人在星空之下是非常渺小的”这样一种论调，有人认为这是阴暗的、不健康的情绪。实际上《望星空》是“先抑后扬”，他先仰望星空，说人类在浩瀚的星空之下是多么渺小。这种对人生的反思就很类似于20世纪40年代现代派诗人的体会。从诗人成长为“战士”，有的时候你觉得艺术应该是纯粹的，但受思想环境所限不允许这样写，那怎么办？那只能是做出选择。在《望星空》中你就能感受到这种转折：“在伟大的宇宙的空间，人生不过是流星般的闪光。”那后面的转折是什么呢？“于是我带着惆怅的心情走向北京的心脏。”然后看到了人民大会堂——1959年，为了庆祝中华人民共和国成立十周年，人民大会堂建设完成，在这样的情况下，郭小川从仰望黑暗的星空，过渡到平视灯火通明的人民大会堂。看到人民大会堂的场景，他感叹道：这就是大地上的天堂。郭小川用了一个宗教性的比喻，把人民大会堂和“天堂”联系在一起，他的迷茫、他的困惑，因为看到“天堂”而改变，他的心态也从此变得光明起来。后面他又开始表态了：“我自己早已全副武装，充当了一名小小的兵将。”“诗人”对他而言已不再是一个特别荣耀的身份，更为荣耀的是成为一名战士，捍卫我们伟大的祖国，这是他后面表现出来的决心，而这种表决心是非常真诚的。

诗人在说出某句话的时候，肯定是经过深思熟虑的，说明他真的下定了这样的决心。郭小川的转折也是从《望星空》这首诗开始，从一名诗人过渡到一名战士，当然这首诗也受到了很多批判，萧三对郭小川表现出来的“颓废”思想很不满意，他认为作为新中国的诗人、作家，怎么能颓废呢？诗人应该富有正能量，积极向上。“颓废”“躺平”固然不好，但有时确实无法避免这样的情绪。《望星空》带给大家更多的是人生的感慨，未必就是很悲观、颓废、“躺平”。有时候你意识到很颓废，或许就是你向往光明点转折的象征。

我们也学过郭小川的一些政治性的抒情诗，如《团泊洼的秋天》，这首诗是郭小川在天津团泊洼进行劳动改造时所写。据其儿子郭小林回忆，那时候，条件很艰苦，尤其是他当时已经得了很严重的牙周炎，牙齿一颗颗地脱落，劳改队队长也不给他批假。而且郭小川还失眠，只能靠安眠药维持睡眠，生活很不如意。就是在那样艰苦的条件下，郭小川仍然在诗中表现出了很积极的心态，他把团泊洼描写成一个富有田园风情的地方，还写到战士们在团泊洼不断地学习党的理论，不停地用思想来武装自己。“战士”即郭小川的自喻，他在那个特殊的年代经历过很多的苦难，但是他并未后悔自己的信仰，这样的考验，反而信仰更加坚定。人活在这个世界上，的确是需要信仰，需要理想的精神支撑。把“战士”的身份和“诗人”的身份结合在一起，这样的选择可能是现在很多人都做不到的。

20 世纪五六十年代的台湾诗歌和大陆诗歌之间存在很大差别。1949 年之后，国民党退守台湾，其中有一些诗人把大陆的现代主义诗风带到了台湾，并且在台湾的语境中继续发展他们对诗歌的认识。其中的代表诗人之一就是郑愁予，他虽然身在台湾，但对大陆的文化非常认同，并能将诗歌写作与中国的古典艺术结合在一起。郑愁予，原名郑文韬，郑愁予之名就是从古典诗词中化解出来的。他的祖籍是河北省，跟着自己的家人到了台湾，还在美国留过学，可以说是一个融汇中西的诗人。郑愁予的代表作是《错误》：

我打江南走过
那等在季节里的容颜如莲花的开落

东风不来，三月的柳絮不飞
你的心如小小的寂寞的城
恰若青石的街道向晚
跫音不响，三月的春帷不揭
你的心是小小的窗扉紧掩

我达达的马蹄是美丽的错误
我不是归人，是个过客……

这首诗“中国风”的意味很浓，有很多中国古典的象征符号，如“江南”，还有“莲花”“柳絮”“青石的街道”“达达的马蹄”等。最后两句是点睛之笔，即我们经常所说的“诗眼”：“我达达的马蹄是

美丽的错误 / 我不是归人，是个过客。”这是陌生化的书写，为什么说“达达的马蹄”是“错误”呢？“错误”又何以是“美丽”的呢？“错误”，我们都感觉是一个贬义词，但“错误”和“美丽”这个具有褒义色彩的形容词联系在一起，就有一种张力，或者叫作陌生化的美感。下面两句诗中张力也更明显：“我不是归人，是个过客。”“我”经过江南的小巷，但“我”并没有停留在这个地方，只是江南的“过客”。这样若即若离的感觉，也让我们感受到朦胧的美感。郑愁予对中国古典文化的理解，就是这样渗透在他的诗句之中。近些年来，台湾也非常流行“中国风”，我们熟知的周杰伦，他的很多歌曲就是以“中国风”而闻名的，而词作者方文山，就是一个非常热衷于写中国风的诗人，如《青花瓷》《东风破》等。另外，还有一位歌手林俊杰，他的代表作《江南》，似乎也受到了郑愁予的《错误》的影响。

现当代诗歌脉络梳理之五：20世纪七八十年代的作品

天安门诗歌运动是新时期开启的一个标志性诗歌事件，虽然涌现的诸多作品，艺术手法比较粗糙，并且更多地以古典诗词为主，但天安门诗歌运动无疑是具有思想性的意义，他们为了怀念周恩来总理、批判“四人帮”，自发地聚集在一起，标志着对思想解放的呼唤。而很多在“文化大革命”前出名的诗人，也从被约束、被禁锢的处境中解脱出来，回归诗坛，他们常被称为“归来诗人”。“归来”意味着这些诗人曾经在诗坛上有过一席之地，在“文化大革命”之后的复出是重现之前的辉煌。比如，艾青归来之后仍然具有很大的影响力，有读者为此写信给艾青：“我等你等了20年，找你找了20年。”对艾青的敬仰不言而喻。艾青作为一位在20世纪30年代就出名的诗人，一开始其实对年轻诗人没有什么成见，甚至非常鼓励他们。但后来他发现有一些年轻诗人写了批判自己的文章，说“艾青你年纪太大了，应该进火葬场了，你别在我们年轻诗人中间挤来挤去了”。艾青非常生气，所以后来在很多场合公开批判朦胧诗。艾青对年轻诗人的认识，除了审美上的隔阂之外，更多的可能是出于个人的人际关系的影响，从这个例子能够看出老诗人和年轻诗人之间的代际差异。

“文化大革命”结束以后，无论是在“归来诗人”的眼中，还是在公众的眼中，诗歌都不仅是单纯地操练语言文字的存在，还要承担一定的社会功能。因为在很长一段时间中，有些人失去了独立思考的能力，而诗人能够借诗句启迪更多的人去思考历史性的问题。他们经历过历史的劫难，心里肯定是有话要说的，艾青“归来”后的诗歌就有非常强烈的心理独白的性质，就像《鱼化石》这首诗中所描写的那样：一条非常活泼的、有血有肉的鱼，却因为地震、火山爆发等原因，被埋进了灰尘，失去了自由。这里的“自由”难道仅是肉体上的自由吗？更可怕的是连思考的自由、精神的自由也失去了：“绝对地静止，对外界毫无反应，看不见天和水，听不见浪花的声音。”作为化石的鱼，虽然躯体还是完整的，但是灵魂已经不存在了。所以，艾青感慨道：“离开了运动，就没有生命。活着就要斗争，在斗争中前进，当死亡没有来临，把能量发挥干净。”可以说，对艾青他们这一代人而言，即便遭受过再多的劫难，仍然要把对诗歌的追求进行到底。所以，很多诗人在“归来”之后大量地创作、发出自己的声音，试图把自己所经历的一切以文学的方式记录下来。

我们再看曾卓的诗，他是“七月派”的代表诗人之一。七月派的共性是崇尚“主观战斗精神”，强调诗人个性的同时，也强调人性的力度、语言的力度，无论面临怎样的逆境，仍然对自由、对诗歌保持向往，曾卓的代表作是《悬崖边的树》：

> 不知道是什么奇异的风
> 将一棵树吹到了那边——
> 平原的尽头
> 临近深谷的悬崖上

它倾听远处森林的喧哗
和深谷中小溪的歌唱
它孤独地站在那里
显得寂寞而又倔强
它的弯曲的身体
留下了风的形状
它似乎即将倾跌进深谷里
却又像要展翅飞翔……

“树”是自然景观，把“树”与人的灵魂结合在一起，“树”就有了不一样的意义。这棵树是什么样的树呢？它所处的位置很危险——位于悬崖边上，只有孤零零的一棵，森林、小溪离它非常遥远，它一定不愿意在这样的环境中生长，却又无法选择自己的命运。这时，不知道什么奇异的风把这棵树的种子吹到了那里，它就在那里成长起来了。它的身躯是弯曲的，似乎马上就要掉进悬崖了，但是从另外一个角度来说，“即将倾跌进深谷里”的形状和飞翔的姿态又联系了起来。在这样的危险处境之下，这棵树仍然没有放弃对生命、对自由的向往。这棵树的精神、处境也是曾卓等七月派诗人共同的愿望、心声，可以看出，他们把自己的命运和自然界的生命联系在一起。

当然，这些“归来诗人”不光是倾吐自己的心声，他们也在反思历史。巴金的《随想录》就呼吁我们对历史要进行反思，否则无法对后人做出交代，很多归来诗人在自己的作品中提到“反思”这个词语，无论是公刘还是艾青、梁南，他们在作品中都曾提到对失去岁月及历史的认识。因为他们有着共同的认知：作为一个诗人，对过去的时代要有一定的责任感。他们继承了《诗经》以来的文学传统，叫作“诗言志”，这个“志”就是指他们的志向，同时也是指他们对时代的记录。可以看到“归来诗歌”具有非常强的社会性和公共性。

再来看“朦胧诗”。通常认为朦胧诗是20世纪70年代末80年代初出现的诗歌潮流，以北岛、舒婷、顾城等诗人为代表。其实，我们追溯一个概念的同时，也能看到这个概念是在什么样的语境下提出来的。刚才讲到的“归来诗人”，如曾卓、牛汉、艾青等，他们的作品有非常强烈的现实意义，而且对当时的很多读者而言易于理解，因为一个时代造就诗人的同时也会有相应的读者群体，有一定的审美和接受的水平。对于生活在20世纪70年代末80年代初的很多读者而言，艾青的写作手法为他们所熟悉，对牛汉、曾卓的艺术手法、诗歌风格也非常熟悉，因为他们是同龄人。而北岛、舒婷、顾城这些年轻诗人，所采用的一些艺术手法，如象征、隐喻、暗示等，有些年纪大一点的读者就感觉到晦涩难懂。这时候引发了一些争议：对年轻诗人的作品如何评价？章明在《诗刊》上发表了《令人气闷的“朦胧”》，他说当下有一些人的诗歌很晦涩，让人看不懂，模模糊糊、朦朦胧胧的，让人去揣摩它的意思，令人摸不着头脑。章明作为一位文学评论家，他将这些他“看不懂”的诗歌叫作“朦胧诗”。由此，“朦胧诗”在刚提出时竟然是一个含有贬义的词语。

因为北岛、舒婷、顾城这些诗人最早是在《今天》这个自办刊物上发表作品的，这些诗人又被称为“今天派”。还有一些人把北岛、舒婷的诗歌和之前的诗人的作品相比较，认为北岛、舒婷这些年轻人写的诗歌完全创新，将其作品定义为“新诗潮”。由此来看，对章明这样的老评论家而言，“朦胧诗”是一个具有负面意义的、需要被批判的概念，而对现在的读者而言，“朦胧诗”又是经典的象征。这个名词之所以会出现在文学史中，是经过很多评论家、诗人的反复讨论，最后形成了一个具有经典性的概念，而北岛、舒婷、顾城也因此成为代表性的诗人。我们也据此提出这样的疑问：那个时期除了北岛、舒婷、顾城、江河、杨炼，其实还有多多、芒克、食指、根子等我们不熟悉的诗人，为什么北岛、舒婷、顾城能成为具有代表性的“朦胧诗人”？究其原因，就在于他们的作品经过文学史家、诗人、作家、读者的筛选，通过文学史的反复书写，评论性文章的反复提及，才有了名气，使之成为经典，而“朦胧诗”的精神内涵、艺术特点某种程度上也就是由这些诗人的作品去承担、定义的。我们所看到的“朦胧诗”的精神内涵，对人道主义、对人的追求与关注，主要是由这几位具有代表性的诗人的作品去奠定的。

首先介绍舒婷，不只是因为她的女性身份，而是要看到舒婷在整个“朦胧诗”群体中的地位。最早得到官方认可的不是北岛，也不是顾城，而是舒婷，因为北岛、顾城他们的诗歌具有一定的争议性。而舒婷的很多经典作品，如《致橡树》《祖国啊，我亲爱的祖国》等，诗歌的内容都是呈现爱国热情、呼唤女性的恋爱自由、追求女性自由平等的权利，符合主旋律的韵调。并且舒婷采用的艺术手法非常明朗，没有北岛、顾城的诗歌那么“晦涩”，或许是出于女性温柔的性格，她的诗歌也没有那么“冷”，符合大众的审美和心理。可以说，舒婷是代表了一代人心声的诗人，她的创作具有非常强的时代性，她的《致橡树》也呈现了20世纪80年代特有的精神和意志：

我如果爱你——
绝不像攀援的凌霄花，

借你的高枝炫耀自己；
我如果爱你——
绝不学痴情的鸟儿，
为绿荫重复单调的歌曲；
也不止像泉源，
常年送来清凉的慰藉；
也不止像险峰，
增加你的高度，衬托你的威仪。
甚至日光，
甚至春雨。

不，这些都还不够！
我必须是你近旁的一株木棉，
作为树的形象和你站在一起。
根，紧握在地下；
叶，相融在云里。
每一阵风过，
我们都互相致意，
但没有人，
听得懂我们的言语。
你有你的铜枝铁干，
像刀，像剑，也像戟；
我有我红硕的花朵，
像沉重的叹息，
又像英勇的火炬。

我们分担寒潮、风雷、霹雳；
我们共享雾霭、流岚、虹霓。
仿佛永远分离，
却又终身相依。
这才是伟大的爱情，
坚贞就在这里：
爱——
不仅爱你伟岸的身躯，
也爱你坚持的位置，
足下的土地。

这首诗的语气、风格都非常女性化，男性不会像舒婷的诗中这样表达爱情。“我”爱“你”，但是“我”并不依附于“你”，尽管我们的性别不一样，但是我们的身份、地位、思想都是平等的。舒婷在《致橡树》中所倾诉的感情，超越了一般的“世俗的感情”。“世俗的感情”或者是依附于某个人，像“凌霄花”一样，只要有枝条就一直往上爬，来借“你”的高枝炫耀自己，这是一种依附的感情。或者是像“痴情的鸟儿”，为绿荫重复单调的歌曲。“鸟儿”对于“树”的讴歌重复、单调，好像是“鸟”不停地围着“树”转，这样的感情，在舒婷看来也带有一定的人身依附关系。还有另外一种情感方式，一味地为男性奉献、付出，如像“泉源”“险峰”“春雨”，这也不是真正的爱情。在传统的价值观中，女性对男性在物质、精神方面的依恋关系，舒婷认为是世俗的，那么她向往的情感是什么样的呢？恋爱双方首先要平等、独立，无论是经济，还是人格方面，要互相尊重，“相亲相爱、相知相守”。在那个年代，舒婷能够写出这样观点的诗歌真是难能可贵。

从“湖畔诗人”的年代一直到20世纪80年代，中间经历好几十年，很多人始终突破不了对于爱情的认识，乃至到了80年代的时候，在大街上看到情侣手牵手还感觉是“耍流氓”。这说明70年代末舒婷能够在诗中写出对男女之间爱情的认知，在当时实属不易。她并没有否认男女之间的差别，男性阳刚、女性阴柔。那个时代对男性的认识、对女性的想象就是诗中所呈现的：女性像“红硕的花朵”“沉重的叹息”，又像是“英勇的火炬”；男性像“刀”“剑”，也像“戟”。有刚有柔，这样的固定搭配。最后，诗人又提出了真正伟大的爱情就是要去分担所有的一切，仿佛永远分离却又终身相依。这样的爱情有非常大的想象空间，现实生活中的很多爱情未必如此，但是对于爱情的认知依然要从理想的角度出发，否则就会因为缺乏坚定的认识，而陷入质疑的境地。

舒婷的诗歌在句式、语言表达等方面都符合女性的特点，她喜欢用让步式、假设式的句法表达情感，如“如果”“假如”。假设性的语气比较委婉，比“卑鄙是卑鄙的通行证”这样的语句显得温柔得多。另外，舒婷作为女诗人，对自我的认识、对人性的认识也是带有温柔感的，符合那个时代对于爱情的想象、对于诗歌的认识。无论是《致橡树》，还是《祖国啊，我亲爱的祖国》，我们都能够从中非常迅速地捕捉到诗人的意图，舒婷的诗歌其实并不“朦胧”。

北岛的诗歌的确有一些“朦胧”。他的诗歌用了很多的意象，如《触电》：他和“无形的人”握手，一声惨叫；和“有形的人”握手，一声惨叫，“有形的人”“无形的人”分别指什么？“惨叫”从何而来？若不经过一番思考，很难知道这样写的目的。这与北岛的写作风格、性格有着直接的关系。北岛在日常生活中是一个不苟言笑的人，他的性格和写出来的诗给人的感觉都是比较“冷”的。北岛还有一首代表作《一切》：

一切都是命运
一切都是烟云
一切都是没有结局的开始
一切都是稍纵即逝的追寻
一切欢乐都没有微笑
一切苦难都没有泪痕
一切语言都是重复
一切交往都是初逢
一切爱情都在心里
一切往事都在梦中
一切希望都带着注释
一切信仰都带着呻吟
一切爆发都有片刻的宁静
一切死亡都有冗长的回声

我们看到这“一切”都是很悲观的情绪，似乎在北岛看来这个世界是很灰暗的，需要不断地去努力抗争命运。当时舒婷也写了一首诗，叫作《这也是一切》，她觉得北岛写的《一切》过于灰暗、低沉，所以她鼓励北岛和更多的年轻人，认为世界不光有灰色的呈现，更多的是要向往光明。这里，就能看出北岛和舒婷的诗歌的差异了。如果说舒婷的诗歌是在肯定这个世界、肯定人的自由，那么北岛的诗歌就有非常强的否定意识，但是他否定的都是一些负面性的价值。他的作品总体给人的感觉非常强硬，这与他所用的句式有关，“我不相信”“一切都是 × ×”“× × 是 × ×”，这种句法叫作格言体或箴言体，和《论语》以及西方的《圣经》能够形成一种对照。“学而时习之，不亦乐乎”，这样的句子能够流传至今，是与它所用的句法、语式有关系的。另外，北岛用的意象群可以非常清晰地辨认出来：一种是理想的象征；另外一种是带有否定色彩的意象群，尤其是后者。北岛所营造的世界，给人的感觉是分裂的、灰色的，这样的情感，一方面来自个人的性格特征，另一方面也是其艺术追求的体现。北岛写的诗歌并没有那么多明快的情感，更多的是充满悖论，称为“冷抒情”。

再来看顾城的诗歌。顾城的人生经历非常特殊，他的父亲是当年非常知名的军旅诗人顾工，与邵燕祥、公刘等人齐名。而顾城在该上小学的年纪随着父亲“下放”到了山东，无法继续上学，在农村喂猪、喂牛、种地，直到 1974 年才回到北京。顾城这个人的性格也很有意思，他回到北京以后完全可以去很好的单位上班，但是他非要去当普通工人，他不追求所谓的荣华富贵，生活态度也很独特。1986 年，顾城出国，和妻子谢烨两个人在新西兰的一个小岛上过着田园式的生活，如同陶渊明的《桃花源记》中所描写的那样，没有人去打扰他们，远离现代化、都市文明。

从这件事情上可以看到，顾城作为所谓的“童话诗人”，他的内心世界具有两面性。他在强调自己是一个“任性的孩子”：“我希望每一个时刻都像彩色蜡笔那样美丽，我希望在心爱的白纸上画画，画下一只永远不会流泪的眼睛。”他早期诗歌的表达带有非常强烈的童真、童趣，舒婷也给予了顾城非常高的评价，她是最早把顾城称为“童话诗人”的评论者之一。但是，顾城后面并没有延续早年的那种带有光明、童真的写作风格，而是转向了晦涩甚至有些怪诞的写作，极具个人化。

顾城出国以后的诗歌更加“朦胧”一些，反而显得早期的作品并不是所谓的“朦胧诗”。当然这也和他个人的性格、处境有关系。

顾城早期的诗歌带有非常强烈的乐观性的色彩，如我们熟知的“黑夜给了我黑色的眼睛，我却用它寻找光明”。他和北岛、舒婷这代诗人在“文化大革命”以后重新树立了人的精神、人的境界，过去很长一段时间里人性的尊严、自由、独立被否定，我们所看到的只有大写的“人”，集体的“人”，并没有凸显“人”的个性。北岛、舒婷、顾城这一代诗人带给我们的就是人性和人道主义的复归，可以说这是“朦胧诗”整体上在思想内容方面的价值。另外，从艺术层次的角度看，北岛、顾城、舒婷的诗作所呈现的陌生化效果，令人感受到“朦胧诗”与郭小川、贺敬之的政治抒情诗有非常大的差异。所以说“朦胧诗”在当时而言是一种全新的诗歌。

然而，我们也不能说“朦胧诗”就是完美无缺的作品。北岛、舒婷这代诗人仍然有非常强的社会责任感，呈现出诗歌的“公共性”。但是如果过于夸大诗人的个体人格、诗人社会性的意义，就容易把诗人“神化”。20 世纪 80 年代的读者对顾城、舒婷以及北岛某种程度上是带着“造神”的眼光去追捧他们。有一次北岛、顾城开朗诵会，结束后台下的听众们热情高涨，争相向他们索要签名，由于当时人特别多，十分拥挤，钢笔就扎到了北岛、顾城的身上，很疼，迫使他们跑到一间屋里躲了起来，有人敲门，他们就说顾城往前面跑了。20 世纪 80 年代是一个理想化的年代，对诗人的追崇也带有那个年代特有的印记。但是在海子以后，对诗歌的追崇好像渐渐淡化，有人甚至说海子开启了一个时代，也终结了一个时代。

现在海子的经典化程度已经不亚于北岛、舒婷了，尽管海子是在他们的影响之下成长起来的诗人。北岛开启了一个“朦胧诗”的时代，而海子对我们当今的年轻人来说意义可能更大，他的作品《面朝大海，春暖花开》《祖国，或以梦为马》经常被人提及。海子的生平具有传奇色彩，他 15 岁就考入了北京大学，就读于法律系；19 岁毕业后在中国政法大学当老师，这样的人生经历令人羡慕，但是海子并未感到幸福，这种不幸福感来自哪儿呢？一方面，因为他的物质生活条件艰苦，海子当时在昌平工作，20 世纪 80 年代，昌平还是一个很偏远的地方，在他本应对世界有更多认知的年纪，却被局限在学校里面，导致他的心情压抑，而且他又是农村出来的孩子，承担照顾家里的重任，生活压力大。另一方面，海子在中国政法大学当老师的时候谈了一个女朋友，是他的学生，他的初恋。据说女孩的父母嫌弃海子的出身，不同意他俩继续交往，海子的情感遭受重创。

在当时的北京诗歌群体中，海子的诗歌不如现在受欢迎，尤其是长诗，得不到圈里人认可，有一次，多多还直接批评了海子，给海子的打击很大。于是，海子就去四川等南方省份寻找自己的诗歌知己，与称为“第三代诗人”的尚仲敏、宋渠、宋炜等结为好友，经常在一起喝酒。海子开始大量创作诗歌的年代是 20 世纪 80 年代中后期，他写作的同时喜欢接触一些超自然的东西，如练气功。大家现在可能不理解那个年代的人对于气功的痴迷，那时候社会环境很复杂，各种各样的思潮都有，气功也成了一种社会现象。海子练气功的确有点走火入魔了，以至于在后期写作时甚至出现了幻觉。精神状态、生活困难、失恋的压力一步步将海子推向崩溃的边缘。我们看到海子写的很多诗歌都带有明朗的色彩，以他的乡村经验为背景，具有非常强的抒情性，这首《答复》（节选）的中心意象就是“麦地”：

当我痛苦地站在你的面前
你不能说我一无所有
你不能说我两手空空

在这首诗里，“麦地”被海子营造成一个梦幻般的世界，“麦地”在某种程度上也是一种信仰，诗人和麦地之间形成亲密的对话。海子的诗歌还把意象的塑造上升到“元素性”，如反复写到水、土地、火等，元素之间的组合带有张力。海子的想象力极为丰富，他能够把日常性的事物转化为带有个人化的意象。比如，一提到“太阳”，我们会想到光明、温暖，海子是这样写“太阳”的：“太阳，我是你场院上发疯的钢铁”，“太阳”和“发疯的钢铁”之间有什么联系呢？而我们换个角度想，在太阳底下，空旷的院子里有非常多的钢铁摆在那里，钢铁在太阳下曝晒，如果有人站在这样的环境中，会感觉特别热，甚至是“发疯的热”。在这样的语境中，“太阳”与“钢铁”之间就产生了一定的联系，语言的张力也由此产生。我们非常熟悉的《面朝大海，春暖花开》中其实也有非常强的张力：

从明天起，做一个幸福的人
喂马，劈柴，周游世界
从明天起，关心粮食和蔬菜
我有一所房子，面朝大海，春暖花开

从明天起，和每一个亲人通信
告诉他们我的幸福

那幸福的闪电告诉我的
我将告诉每一个人

给每一条河每一座山取一个温暖的名字
陌生人，我也为你祝福
愿你有一个灿烂的前程
愿你有情人终成眷属
愿你在尘世获得幸福
我只愿面朝大海，春暖花开

海子给予陌生人很多的祝福，但是海子给自己留下的是什么呢？“我只愿面朝大海，春暖花开。”春天的大海给人什么样的感觉？会有所谓的“春暖花开”吗？海边的春天比起内陆地区来得要晚一些，当真正感觉到暖和可能都已经是夏天了。这首诗创作于1989年1月13日，离海子卧轨自杀只有两个多月的时间，在这样的语境之下，他写出来的这首诗给人的感觉其实是很有张力的，他说从明天开始过这样的生活，那么今天的生活是怎样的呢？诗人没有告诉我们。这首诗并不像中学教材中解读的那样，是一首充满希望和温暖的诗，从某种程度上说，这首诗给人的感觉是很绝望的，体现出海子自杀之前的心态。

海子的诗歌是打破“装饰性”的，天空、河流、麦地、黑夜、村庄这些意象在海子的诗歌中都上升为“原型”的状态。但是，他写的麦地、村庄和很多乡土诗人写的不同，我们看他的经典代表作《五月的麦地》（节选）：

全世界的兄弟们
要在麦地里拥抱
……
回顾往昔
背诵各自的诗歌
要在麦地里拥抱
……

这首诗不是简单的歌颂麦地，而是借麦地抒发自己对诗歌的思想，他要在麦地里为“众兄弟”背诵诗歌，朗诵诗歌。

黄昏常存弧形的天空
让大地上布满哀伤的村庄

海子对于村庄的未来并不十分乐观，麦地的美好只是存在于过去的乡土社会。而在20世纪80年代末，乡土社会在一点一点凋敝，传统的田园风光、遍地麦子的场景在逐渐消失。大家现在也能看到这样的情况，很多农民将土地出租，还有很多农民离开乡土，去城市打工，所谓的田园诗人、乡土风光只是存在于传统的诗歌中。海子对这种情况也有一定的担忧，但是他无力改变田园风光消逝的事实，他对麦地的书写其实也是乡土社会的哀歌。从这个角度上看海子，就能意识到他的作品有别于肤浅的乡土诗、田园诗。海子去世以后，也有诗人模仿海子写麦地、农村、村庄，却无法还原海子诗歌的特点。

现当代诗歌脉络梳理之六：20 世纪 80 年代中期至 90 年代的作品

从“归来诗人”到“朦胧诗”，再到海子，他们的写作风格整体给人一种崇高感。而“第三代诗人”的写作风格和北岛、舒婷、艾青、邵燕祥、海子就有比较大的差异。“第三代诗人”的命名也是相较于前辈诗人而言的，“第一代诗人”一般是指像邵燕祥、公刘这些在中华人民共和国成立初期便成名的诗人，“第二代诗人”可以理解为北岛、舒婷等“朦胧诗人”。而“第三代诗人”是读着北岛、舒婷的诗歌成长起来的，但是当他们的写作达到一定水平的时候，就要“反叛”，同时也可以称之为“弑父”。因为艾青、舒婷、顾城他们的诗歌养育了“第三代诗人”，但是“第三代诗人”成长起来以后就感觉不能一味地模仿，也不能一味地继承北岛的作品，要有自己的风格，所以在 20 世纪 80 年代中期，一群叫作“第三代诗人”的人物利用当时的社会氛围集体亮相。

这里不得不提到徐敬亚，他是朦胧诗“三个崛起”的提出者之一，因写《崛起的诗群》这篇文章遭到很多批判。他大学毕业以后没有选择留在东北发展，而是到了当时中国改革开放的桥头堡——深圳。20 世纪 80 年代深圳的经济、文化已经非常发达了，也出现了很多的报纸和杂志，徐敬亚就在深圳青年报社当记者、编辑。1986 年他看准时机，利用自己在深圳青年报社时的人脉资源，联合了安徽的《诗歌报》，一起推出现代主义诗歌大展，让一些年轻的诗人及诗歌团体集体亮相，发表宣言，发表作品。现代主义诗歌大展会集了全国各地的诗人，无论是北京的，还是四川、云南、陕西乃至其他省市的诗人纷纷在这两份报纸上，发表自己对诗歌、对人生的看法，这在当时非常具有创新性，符合时代潮流。在这两份报纸上发表的作品虽然非常多，但实际上很多诗歌流派只是昙花一现，如有些团体只有宣言和口号，并没有诗歌力作出现。所以"两报大展"虽然推出了很多的诗人，但是并不代表所有的诗人都能成为"第三代诗人"的中坚力量。

这些诗人在报纸上发表的宣言、作品体现他们什么样的诗歌精神呢？诗歌特质是反崇高、反英雄，体现平民的生活、平民的语言。有些人甚至提出一些很极端的口号，认为北岛、舒婷的时代已经过去了，新一代诗人所使用的诗歌语言要区别于"朦胧诗"这代诗人。"朦胧诗人"最拿手的艺术手段就是象征、隐喻，如北岛的诗歌中使用了很多具有象征性的意象，舒婷的《致橡树》《祖国啊，我亲爱的祖国》等诗歌中也有非常鲜明的意象。顾城就更不用说了，他被称为"童话诗人"，作品中出现了很多具有童真、童趣的意象，而且他所用的语言基本上也是以崇高为风格的，所承载的思想更是对历史的反思。"第三代诗人"却完全摒弃这些，而是以诗歌本身来呈现诗歌原有的风貌，如"第三代诗人"的代表人物韩东提出的口号是"诗到语言为止"。语言本身就是诗歌的全部组成成分，诗歌只体现赤裸裸的语言，除此之外的英雄的、崇高的义务，诗歌都不承担。

我们先来看"第三代诗人"于坚的诗歌，感受他诗歌中的日常生活化、口语化的状态。这是于坚的《作品第 52 号》的片段：

很多年　屁股上拴串钥匙　裤袋里装枚图章
很多年　记着市内的公共厕所　把钟拨到 7 点
很多年　在街口吃一碗一角二的冬菜面
很多年　一个人靠着栏杆　认得不少上海货
很多年　在广场遇着某某说声“来玩”
很多年　从 18 号门前经过　门上挂着一把黑锁
很多年　参加同事的婚礼　吃糖嚼花生

这段诗后面还有很多以“很多年”为开头的语句，这些语句好像没有太强的逻辑性。“屁股上拴串钥匙　裤袋里装枚图章”，后来怎么着呢？又转到了另外一个语境下：“记着市内的公共厕所　把钟拨到 7 点”，后面还有一些其他的日常生活场景，如吃面条、在一个门前经过、吃糖、吃花生、参加同事的婚礼。这里面的日常场景都是没有逻辑性、非常琐碎的，而这些正是于坚的《作品第 52 号》要呈现给我们的。在于坚看来，作品本身的意义并不重要，作品题目也不重要，重要的是表现日常生活的情节，如“一个人去了哪里”“吃了什么面、到了火车站”等。当然，这样对日常的书写也引来很多质疑，认为这并不是诗，只是流水账、记日记，它和传统的诗歌审美认知有非常大的差异。我们现在将“朦胧诗人”杨炼的《大雁塔》和韩东的代表作《有关大雁塔》两首诗做比较。从这两首诗中可以看出“朦胧诗人”的审美和韩东等“第三代诗人”的审美之间存在的差异。首先看杨炼对“大雁塔”的描写：

在中国

古老的都城

我像是一个人那样站立着

粗壮的肩膀，昂起的头颅

面对无边无际的金黄色土地

我被固定在这里

山峰似的一动不动

墓碑似的一动不动

记录下民族的痛苦和生命

这里的“大雁塔”被比喻成一个人，以人来拟物，而且这个“我”和“大雁塔”的形象结合在一起，一个人的命运也就是“大雁塔”的命运。“大雁塔”站在那里一动不动，它在做什么呢？它记录下民族的痛苦和生命，它见证着历史，见证着无数的命运。由此，“大雁塔”就有了非同一般的意义，它不再是一座用土和砖垒起来的塔，而是担负见证的使命。其实，这也是“朦胧诗人”共同的追求，诗歌除了表现艺术的价值以外，还要承担更多的历史使命和社会义务，就像北岛在《回答》中所书写的那样，面对这个世界，他高喊“我不相信”，“我”要重新树立一种价值观。杨炼也有着同样的追求，而且像江河、杨炼等被称为“现代史诗派”的诗人，往往将历史和诗歌结合在一起。接着，我们再看韩东的《有关大雁塔》：

有关大雁塔

我们又能知道些什么

有很多人从远方赶来
为了爬上去
做一次英雄
也有的还来做第二次
或者更多
……

有关大雁塔
我们又能知道什么
我们爬上去
看看四周的风景
然后再下来

这里面也出现了“英雄”这个词，但是韩东好像有一点嘲讽“英雄”的意思。什么样的人是“英雄”呢？

那些不得意的人们
那些发福的人们
统统爬上去
做一做英雄
然后下来
走进这条大街
转眼不见了
也有有种的往下跳
在台阶上开一朵红花

那就真的成了英雄

当代英雄

那些不得意的、发福的人，抱着一个“英雄梦”来看大雁塔，然后就不见了。还有一些想不开的，从大雁塔上往下跳，那就真的成了所谓的“英雄”，但这个“英雄”是带有嘲讽意味的。可以说，在“第三代诗人”韩东看来“英雄”是不存在的，“英雄”只不过就是这些老百姓。大雁塔只不过是一个旅游景点，它并不承载任何历史的重大使命。韩东写这首诗的时候，正在西安一所大学当老师，经常能看到大雁塔，他对大雁塔的认识也体现了很多“第三代诗人”对诗歌的认识：诗歌就是呈现人们的日常生活，反对所谓的崇高。

20 世纪 80 年代中期的社会氛围相对来说是比较多元的，而这个时期的大学中文系又是什么样的呢？我们来看李亚伟的《中文系》，这首诗很长，我们这里节选一部分：

中文系是一条洒满钓饵的大河

浅滩边，一个教授和一群讲师正在撒网

网住的鱼儿

上岸就当助教，然后

当屈原的秘书，当李白的随从

当儿童们的故事大王，然后，再去撒网

有时，一个树桩般的老太婆

来到河埠头——鲁迅的洗手处

搅起些早已沉滞的肥皂泡

让孩子们吃下。一个老头
在讲桌上爆炒《野草》的时候
放些失效的味精
这些要吃透《野草》《花边》的人
把鲁迅存进银行，吃他的利息
……
当一个大诗人率领一伙小诗人在古代写诗
写王维写过的那块石头
一些蠢鲫鱼或一条傻白鲢
就可能在期末渔汛的尾声
挨一记考试的耳光飞跌出门外

老师说过要做伟人
就得吃伟人的剩饭背诵伟人的咳嗽
亚伟想做伟人
想和古代的伟人一起干
他每天咳着各种各样的声音从图书馆
回到寝室，就真的咳嗽不止

亚伟和朋友们读了庄子以后
就模仿白云到山顶徜徉
其中部分哥们
在周末啃了干面包之后还要去
啃《地狱》的第八层，直到睡觉
被盖里还感到地狱之火的熊熊

有时他们未睡着就摆动着身子
从思想的门户游进燃烧着的电影院
或别的不愿提及的去处

一年级的学生，那些
小金鱼小鲫鱼还不太到图书馆
及茶馆酒楼去吃细菌
常停泊在教室或
老乡的身边
有时在黑桃Q的桌下
快活地穿梭

诗人胡玉是个老油子
就是溜冰不太在行，于是
常常踏着自己的长发溜进
女生密集的场所用鳃
唱一首有关晚风吹了澎湖湾的歌
更多的时间是和亚伟
在酒馆里吐各种气泡

二十四岁的敖歌已经
二十四年都没写诗了
可他本身就是一首诗
常在五公尺外爱一个姑娘
由于没有记住韩愈是中国人还是苏联人

敖歌悲壮地降了一级，他想外逃
但他害怕爬上香港的海滩会立即
被警察抓去，考古汉语

万夏每天起床后的问题是
继续吃饭还是永远
不再吃了
和女朋友一起卖完旧衣服后
脑袋常吱吱地发出喝酒的信号
他的水龙头身材里拍击着
黄河愤怒的波涛，拐弯处挂着
寻人启事和他的画夹

李亚伟写这首诗时正在四川南充师范学院读书，20 世纪 80 年代大学生的生活状态和我们现在的生活状态有很多相似的地方。我们除了在学校上课，周末的时候还会去校外逛逛超市、看看电影，或者是谈恋爱、唱歌，等等，生活是非常多姿多彩的。当然也会为考试发愁，比如说读鲁迅、读庄子、考古代汉语等。从 20 世纪 80 年代中期到现在，过去了近 40 年，当时 20 多岁的敖歌、胡玉、李亚伟这些人，现在也已经是 60 岁以上的人了，他们所经历的中文系的生活，和我们现在中文系的状态其实也是非常相似的。把这种生活状态写进诗歌，并且用口语化的方式表现出来，这就是“第三代诗人”的追求。但是，“第三代诗人”对日常化场景的书写、对崇高的拒绝，也会带来很多质疑。

“第三代诗人”集体出现的年代是 20 世纪 80 年代中后期，当时的中国社会已经趋于商业化了，而在北岛、舒婷的时代记忆中，人们的生活还处于计划经济阶段。那时候买东西没有超市，凭票供应，如布票、粮票等。那时候，人们的穿着打扮、思想状态、心理状态相对比较保守。但是从 1985 年到 1995 年，中国的社会发生了翻天覆地的变化，20 世纪 90 年代的诗歌和 80 年代的诗歌也有较大的差异。后面会陆续地给大家讲 20 世纪 90 年代一些代表性诗人的作品，如张枣、张曙光、西渡等。20 世纪 90 年代以来，像“朦胧诗”“第三代诗歌”那种轰轰烈烈的诗歌运动已经一去不复返了，诗人们所面对的是一个商业化、市场经济的时代，市场经济意味着告别凭票供应的时代。最近刷抖音，常听到一首歌中的歌词：“如果你是‘00 后’，那么你已经成熟了，你就开始想钱该怎么花？”歌词对我的触动很深，“00 后”都开始思考“钱该怎么花，怎么去赚钱”的问题了，而 20 世纪 90 年代的诗人当时在想如何在“一切向钱看”的环境中求得诗歌的位置。

20 世纪 90 年代流行“下海”。“下海”赚钱、“下海”经商，这是当时流行的口号。但是“下海”也就意味着转型，放弃对精神生活（如文学、诗歌）的追求。很多诗人都选择离开了他们的“岗位”，成了商人，因为他们不甘心贫穷，默默无闻地当一个诗人，经商不仅可以改变生活，而且用赚到的钱出版诗集，也是轻而易举的事情。这样的社会氛围，与 20 世纪 80 年代具有理想主义气质、热爱诗歌的生活氛围是大不相同的。20 世纪 80 年代的诗人都追求理想，尤其是“朦胧诗”这代人对社会都有着非常强烈的责任感，他们都想借自己的诗歌作品表达什么，但是在 20 世纪 90 年代市场经济的洪流中，很多人放弃了理想，放弃了对时代价值的认识，走向了另外一个极端，即对金钱的追求。

20 世纪 90 年代之后，实用性成为生活中的重要因素，做什么事情、写什么作品要追求“有没有用”。在这种情况下，一些文学作品的确比诗歌更有用，如武侠小说、网络小说，这些文化样式的出现对诗歌产生了冲击。诗歌作为“纯文学”并不能给人们带来实际的价值，所以，20 世纪 90 年代以来的诗歌处于生存的“边缘”。新诗的内部同样也面临一定的危机和困境，“朦胧诗”三个“崛起”的提出者之一孙绍振曾经极力地推崇“朦胧诗”。但是到了 20 世纪 90 年代，孙绍振却对诗歌提出了非常尖锐的批评，他认为 20 世纪 90 年代以来的诗人虽然非常多，但是新诗的水平并没有全面提高。他所说的提高可以理解为是对诗歌艺术的探索，对诗歌承担社会价值的探索，当然，也可以理解为 20 世纪 90 年代以后是否推出过具有代表性的新诗作品。因为自 20 世纪 90 年代以后，诗歌的创作方向发生了非常大的分化，它不再以代表性的诗人、代表性的流派为线索，诗人们开始走向个体化的写作状态，诗学就更加多元化，很难再用经典、代表作概括某个诗人了。这也是很多批评家对新诗在 20 世纪 90 年代以后的表现提出质疑的原因。另外，20 世纪 90 年代的诗人的确有非常多的立场，甚至有些还秉持着 20 世纪 80 年代传统精英的意识，认为诗人就是“英雄”，就要为人民代言，当然有一些诗人走上了通俗化、口语化的道路，还有一些诗人写一些非常夸张、离奇的诗歌。

这里列举三种 20 世纪 90 年代较为显著的诗歌现象：口语诗、女性诗歌、网络诗歌。

第一种，口语诗并不是 20 世纪 90 年代特有的诗歌现象，于坚、韩东乃至李亚伟的作品都是非常口语化的。而 20 世纪 90 年代以来的口语诗可以说是在“第三代”诗歌的基础上对世俗性进行更为深入的探索，对口语的表现也更加通俗化，从而他们所承担的历史的反思性、社会的价值感也越来越小，甚至引起了诗歌界的批判。因为口语诗歌写不好就变成了“口水诗”“废话诗”。其中一个“废话诗人”叫乌青，他是这样写的：“天上的云真白啊，非常非常的白”，这就是他们所追求的诗歌。伊沙、沈浩波的诗歌虽然没有“废话诗”那么极端，但也引起了非常大的争议。上节课讲到海子，他创作了大量关于村庄、麦子的诗歌，在他去世后仍然有很多人在模仿，写麦田、麦地、村庄、麦粒等。伊沙对于这种情况不以为然，所以他反其道而行之：你们都在写麦地诗，我就来一个《饿死诗人》（节选）：

诗人们已经吃饱了
一望无边的麦田
在他们腹中香气弥漫
城市中最伟大的懒汉
做了诗歌中光荣的农夫
麦子以阳光和雨水的名义
我呼吁：饿死他们
狗日的诗人
首先饿死我
一个用墨水污染土地的帮凶
一个艺术世界的杂种

“狗日的诗人”与刘恒的小说《狗日的粮食》，其实表达的意思差不多。伊沙认为诗人们大量地复制所谓的“麦地诗歌”，实际是对诗歌的一种亵渎，所以就写了口语诗——饿死这些写“麦地诗”的诗人。伊沙的口语诗代表作还有《车过黄河》，古代的诗人写了很多关于黄河经典的作品，如“黄河之水天上来”。但是伊沙把“黄河”与排泄物联系在一起，表现出反崇高的倾向。把“狗日的诗人”这种词呈现在诗歌当中，这就是极端口语化的，当然也不可避免地有一些低俗化，这种诗歌遭到很多人批判。口语诗写不好就可能成为“玩梗”、变成荤段子的拼接，这其实离真正的诗歌语言很远，因此不建议大家阅读口语诗歌。

第二种，20 世纪 90 年代以来的写作潮流——女性诗歌，后面将以专题形式来讲。这里介绍两位具有代表性的诗人：翟永明和陆忆敏。2022 年翟永明出了一本新诗集《全沉浸末日脚本》，呈现出自己从新冠疫情以来对人生和社会的思考。翟永明也是自 20 世纪 80 年代以来一直坚持女性写作、女性立场的诗人，她认为女性对生命的体验、对个人生活的认识与男性不同，所以她要在诗歌中表现出女性独立的生命体验。陆忆敏对死亡的认识也带有女性特有的认知，我们看这首诗:《死亡是一种球形糖果》:

我不能一坐下来铺开纸
就谈死亡
来啊，先把天空涂得橙黄
支开笔，喝几口发着陈味的汤
小小的井儿似的生平
盛放着各种各样的汁液
泛着鱼和植物腥味的潮水涌来
药香的甘苦又纷陈舌头
死亡肯定是一种食品
球形糖果 圆满而幸福

我始终在想着最初的话题

一转眼已把它说透

陆忆敏作为一名女诗人，她把死亡比作球形糖果，吃到嘴里一种甘甜的口感，把死亡形容成“圆满而幸福”的一种事物，这就呈现出女性诗人对死亡不同的认知：死亡是一种很平静的东西，它只不过是我们生活中的一部分，写死亡的同时也是在思考我们自己的生命。这就让我们看到女性诗人在 20 世纪 90 年代的写作已经完全超越了舒婷那个年代对女性的认识，更多地呈现了对生命本身的思考。进入 21 世纪以后，随着网络时代的兴起，女诗人们对艺术的呈现也更加多元化，出现了一些更为大胆的诗人，如余秀华，后面会专门讲解她的作品。

第三种，20 世纪 90 年代以来较为新鲜的诗歌形态——网络诗歌。网络诗歌分为很多类型：第一类是将纸质刊物上发表的诗歌转录到网上，在诗歌论坛、诗歌网站上将其记录下来；第二类是不在纸质刊物上发表，只在论坛、博客里发表自己的诗作；第三类则是一些诗人利用网络的超媒体形式，创作出很多和传统分行的文字不一样的诗歌，甚至在 Word 里呈现出一些视觉图案来构成诗歌。大家可能都知道机器人小冰，它作为一个 AI，自己就能够写诗，而且和受过训练的诗人所写出的作品差不多，这就让我们感叹网络、高科技的影响力。

20 世纪 90 年代，最重要的诗歌事件可能是“盘峰论剑”的诗歌论争。论争一方是由王家新、欧阳江河、陈东东、张曙光等诗人组成的“知识分子诗人”，另一方则是韩东、于坚等人自诩的“民间诗人”。1999 年，双方诗人在北京盘峰宾馆召开诗歌研讨会，讨论处于世纪之交的诗歌应该往哪个方向发展，他们在会议现场争吵了起来。

由此可见，所谓“知识分子诗人”和“民间诗人”之间的观点存在较大分歧，“知识分子诗人”大多受到西方诗歌、西方哲学文化的影响，在诗歌中追求独立的精神、知识的重要性，他们认为诗歌不仅仅是写日常、琐碎、鸡毛蒜皮的事情，更要呈现出“纯粹”的艺术。这里要介绍的是“知识分子诗人”欧阳江河的代表作《手枪》（节选）：

手枪可以拆开
拆作两件不相关的东西
一件是手，一件是枪
枪变长可以成为一个党
手涂黑可以成为另外一个党
而东西本身可以再拆
直到成为相反的向度
世界在无穷的拆字法中分离

诗中，我们可以把“手枪”这个词语看作欧阳江河的一种辩证法的体现，他把“手”和“枪”两个词分开，进行语言想象力的阐释，进而从“手枪”延伸到更多的东西，世界在无穷的拆字法中被分离。

政治向左倾斜
一个人朝东方开枪
另一个人在西方倒下
黑手党戴上白手套
长枪党改用短枪
永远的维纳斯站在石头里

她的手拒绝了人类

从她的胸脯里拉出两只抽屉

里面有两粒子弹，一支枪

要扣响时成为玩具

谋杀，一次哑火

欧阳江河认为词语本身在无限地繁殖，对词语本身的拆解，也是他对世界的思考。欧阳江河的诗歌基本都是“咬文嚼字”的写作，将词语进行分解，词语再演化成新的词语，赋予新的意义，这是他最擅长的写作方式。欧阳江河式的写法恰恰是“民间写作”所批判的对象，“民间诗人”所呈现的诗歌艺术追求其实就是从“第三代诗人”口语化、通俗化的写作延伸下来的，他们认为诗歌就是“民间”的：鱼龙混杂、雅俗共赏。有一些诗人甚至提出了所谓的“下半身写作”。“民间写作”和“知识分子写作”之间的辩论一直延伸到现在，呈现出诗人不同的立场，当然也没有绝对的孰是孰非。

专题一：现代诗的歧义性①

学生 A：首先，诗歌的字词是有限的，但是想要表达非常多的事物，绝不是区区几个字词就能够涵盖的，因此诗歌的歧义性是必然存在的。其次，大多数诗歌以含蓄的方式表达真实的含义，所以"言下之意""言外之意"就显得无比重要。歧义性不是含糊的，而是隐含深邃、含蓄而宽广的。诗人用各种手法将词语改变，拓宽词意，变成读者容易联想到的独特情感和思绪。诗人在创作的时候，必定会带有自己的主观色彩。读者在研读诗歌时也会有主观的欣赏角度和感受，因人而异，每一次研读都会有不同感受，这就是诗的歧义性，以达到能够契合读者主观情境而产生的感动、同感和认同。北京大学袁行霈教授在《中国诗歌艺术研究》中提到诗歌的歧义性主要包含 5 部分内容：双关意义、情谊意义、象征意义、生存意义和言外之意。

我们讲解的第一首诗是卞之琳的《圆宝盒》。卞之琳出生于江苏

① 本文所选用诗歌专题和篇目主要源于西渡编《未名诗歌分级读本·中学卷 1》（江苏凤凰少年儿童出版社 2020 年版）、张桃洲编《未名诗歌分级读本·中学卷 2》（江苏凤凰少年儿童出版社 2020 年版）、姜涛编《诗歌读本·大学卷》（广西师范大学出版社 2010 年版），特此说明。

省南通市海门汤家镇，他是“汉园三诗人”之一，被公认为新月派的代表诗人，为现代诗的发展做出了重要贡献。卞之琳曾经用“小处敏感，大处茫然”来概括当时的自己，意思就是“茫然于时代风云，敏感于诗歌艺术”。卞之琳曾被人们称为“最醉心于新诗技巧与形式试验”的艺术家，他追求“纯诗”的艺术观，坚持表现自我，以个体生命和个人情感为中心，在表现形式上不追求严格的格律。诗的韵律靠诗情的抑扬顿挫来表达，大多运用象征和暗示手法构成诗的意境。《圆宝盒》这首诗共分为三节，第一节：“我幻想在哪儿（天河里？）捞到了一只圆宝盒，装的是几颗珍珠：一颗晶莹的水银　掩有全世界的色相，一颗金黄的灯火，笼罩有一场华宴，一颗新鲜的雨点，含有你昨夜的叹气……”第一节，卞之琳从静处写旋转的圆宝盒，犹如无限的宇宙，比较大，里边有晶莹的水银、金黄的灯火、新鲜的雨点，这三个意象都是小中有大，有限之中含有无限，“昨夜的叹气”把人生哀愁这一感情具体化。第二节：“别上什么钟表店，听你的青春被蚕食，别上什么古董铺，买你家祖父的旧摆设。”告诉我们：不必执着和介意无用的事物。要珍惜时光，珍惜生命的创造力。第三节：“你看我的圆宝盒，跟了我的船顺流而行了，虽然舱里人永远在蓝天的怀里，虽然你们的握手，是桥——是桥！可是桥，也搭在我的圆宝盒里；而我的圆宝盒在你们，或他们也许也就是，好挂在耳边的一颗珍珠——宝石？——星？”第三节是从动处写时间如流水，“永远在蓝天的怀里”指的是真理的光辉。“虽然你们的握手，是桥！”这里泛指两个人感情的结合，虽是有限的，但后边说“可是桥，也搭在我的圆宝盒里”，这又指明了有限包含在无限之中，动中有静。这个“圆宝盒”可大可小，它蕴含着诗人哲理性的思考，表达了一种相对平衡的观念。最后进行概括：“圆宝盒”象征着宇宙的智慧之美，诗人幻想着“圆宝盒”的智慧之美，它像一颗珍珠的晶莹色泽，包含“全宇宙的色相”，借助具象表现抽象，通过有限表现无限，在一刹那表现永恒。这是我对这首诗的理解，请同学 B 给我们分析下一首诗。

学生 B：杜运燮，笔名吴进、吴达翰，是“九月派”诗人。杜运燮的诗作《秋》曾被诗评家质疑为“朦胧诗”，之后“朦胧诗”逐渐演变成诗歌史上的重要概念。《秋》是杜运燮在 1979 年秋天创作的作品，它不是一首单纯的写景诗，诗中每个景物都蕴含着具体的暗示。《秋》是由五节四行的诗句组成，尤为引人注意的是时态的变化和意象的设置。时态有两种：过去时和现在时，指的是诗中的“夏天”和“秋天”。具体看一下这首诗：“连鸽哨都发出成熟的音调，/ 过去了，那阵雨喧闹的夏季。/ 不再想那严峻的闷热的考验，/ 危险游泳中的细节回忆。”这里“阵雨喧闹的夏季”，是指“文化大革命”时期政治运动不断发生。“危险游泳中的细节回忆”，也代指当时的知识分子命运无常，暗藏危机的现状。“经历过春天萌芽的破土，/ 幼芽成长中的扭曲和受伤，/ 这些枝条在烈日下也狂热过，/ 差点在雨夜中迷失方向。”这些“狂热过的枝条”是指年轻单纯的学生有可能在这之中迷失方向。“现在，平易的天空没有浮云，/ 山川明净，视野格外宽远；/ 智慧、感情都成熟的季节啊。”这些意象中表现出的自然景观单纯而干净，对比“夏天”的复杂，“秋天”则显得更加简洁，体现了诗人内心渴望世界与人际关系简单化，一切都归于自然平和。“街树也用红颜色暗示点什么，/ 自行车的车轮闪射着朝气；/ 塔吊的长臂在高空指向远方，/ 秋阳在上面扫描丰收的信息。”体现了生活的亮丽色彩，朝气与丰收的愿望。诗歌完整地表达了诗人从迷惘痛苦中走出来，期待新的生活，通过诗歌中“夏天”和“秋天”的意象对比，完成了两种情感的转化，情绪由低沉转向高昂。

第一节，“夏天”的沉痛的细节随着时间慢慢淡化，成为历史，不要再去纠结。第二节，诗人情不自禁地回忆生命中成熟的过程、遭遇的磨难，重点强调磨难中人性的迷失。第三节，一切烟消云散，山明水秀，疲惫的身心终于放松下来。诗人感叹成熟的生命和社会的美好。第四节，写陶醉之情，夏风、夏花、夏叶，更染上了秋天独有的味道。第五节，诗人眼睛里一切都照射着新生的气息。无论是“红色的街树”“闪亮的自行车轮”，还是“长臂指向远方的塔吊”，都蕴含着勃勃生机。若总结一下《秋》中诗歌的歧义性：一方面，我们可以把“夏季”“秋季”当作人生的某一个阶段，由此体现出诗歌的歧义性；另一方面，《秋》是诗人在1979年秋写的诗歌，歌颂自然和民族智慧、感情都成熟的季节，它提供了两个互相融合的信息源：写实与象征。自然景物背后的社会现实的“成熟之秋”，蕴含着浓郁的政治情结。这首诗的整体乃至每个意象、细节都蕴含着形而上的内蕴，有种不把话说尽的含蓄，这也体现了诗歌的歧义性。

教师：诗歌和日常的口语、普通的散文不同，很多时候它的表面意思和实际含义不同。诗歌的字数很有限，而包含的意义却是无穷的。另外，对诗歌的理解是有主观性的。每个人的性格不同，阅读的资源不同，对事物和人生的理解则不同，从而导致人们对诗歌的不同见解。诗歌就像一面多棱镜，从不同的角度去看，总能看到一些不同的东西。比如，我的微信名“阿莱夫”，在博尔赫斯的小说中就是一面镜子。你从“阿莱夫”中就能看到整个大千世界的万事万物，看到整个宇宙，看到我们心灵的所有场景，这也是诗歌的魅力所在，它吸引着我们不停地去探索。

在中学学语文课程时，老师会告诉我们古诗的主题有哪些类型，咏物诗、写景诗、赠友诗、怀古诗等，这些诗歌的主题非常明确。也不乏有一些诗歌，主题并不明朗，例如，唐代诗人李商隐写了很多首《无题》诗，比如，“昨夜星辰昨夜风，画楼西畔桂堂东。身无彩凤双飞翼，心有灵犀一点通。隔座送钩春酒暖，分曹射覆蜡灯红。嗟余听鼓应官去，走马兰台类转蓬”。这首诗因为“无题”给读者很多的想象空间、阐释空间。有些人说这首诗写的是爱情，我们现在也经常把“身无彩凤双飞翼，心有灵犀一点通”比作恋人间的情感，但是如果把这首诗放置到晚唐的政治环境中去看，则有人认为这首诗包含着李商隐对当时政治的认识，具有政治的隐喻。可以说李商隐的《无题》，体现了诗歌非常强的歧义性。

现代诗歌呢，由于运用了现代人的思维、语言去写作，从而包含了更为强烈的个人经验。每个人的性格、人生经历不同，读者的想法可能也不一样，不同的读者阅读同一首诗，认识肯定也会有所差异。不能因此认为现代诗是晦涩难懂的，就没有必要追求理解的统一。这里就牵涉到“懂”与“不懂”的相对关系，可以用自己的眼光、自己的理解去阐释，这就叫作“懂”。所谓的“不懂”，是诗歌的歧义性所导致的，因为诗歌表现出来的艺术特征和我们的日常经验或许有非常大的差异，这时，你面对诗歌就会感到陌生。比如，杜运燮的《秋》，当时有些评论者因“读不懂”，就给它定义为“朦胧诗”，这是他的阅读经验与诗歌表现出来的审美空间存在差异所导致的。年轻读者就不觉得这首诗难懂，完全可以用自己所学的诗歌知识进行深入分析，这足以证明“懂”和“不懂”之间比较模糊的界限，会随着时间的推移而变化。还有一个问题：如何定义“好诗”？有些人认为诗歌的主题要明确，能够让大部分人“读得懂”才能算是“好诗”。但我们也能举出一些反面例子，如红色经典水利歌曲《我来了》：“天上没有玉皇，地下没有龙王，我就是玉皇，我就是龙王，喝令三山五岳开道，我来了！”这样的诗歌，固然大部分人都能够“读得懂”，但却缺乏韵味和艺术价值。现在网络上的“口水诗”，能说这样的诗歌是“好诗”吗？

所以，“懂”与“不懂”并不是评价诗歌“好”与“不好”的标准。你不懂，并不代表别人不懂。另外，因为诗歌有歧义性，它的主题空间是可以阐释的。有些学生担心，我对诗歌的阐释与标准化答案不一样，这里提出一个概念叫“误读”，现代诗歌的意义空间是可以阐释的，所以“误读”是很正常的现象。作为读者站在自己的立场上去解读诗歌，如果比作者表达的意义还要深刻、新颖，这种情况叫作“创造性误读”。读者有发挥性的空间，他对诗的理解，实际上是一种新的阐释。“附会性误读”，是指读者用自己的日常经验附会这首诗。比如，章明对杜运燮《秋》的某些理解，就是用日常经验去“贴”这首诗，他认为只有大公鸡才会发出“成熟的音调”，鸽子怎么能发出“成熟的音调”呢？其实，“成熟”只是一个修饰词，如果非要较真，你就会发现这首诗里很多地方都是在日常生活中说不通的，处处是疑问，处处是病句，那也谈不上对诗歌艺术的体验了。

下面以卞之琳的《圆宝盒》和杜运燮的《秋》两首诗为例，分别来阐释现代诗的歧义性是如何体现的。首先我们看《圆宝盒》，这是卞之琳的一首非常有代表性的诗歌，他的诗歌特点：“小处敏感，大处茫然。”“小”和“大”之间也是有相对性的，“圆宝盒”从表面意义上来看，它是“小”的，可以装化妆品和首饰，是为了收纳，空间有限。而在卞之琳的《圆宝盒》中，圆宝盒的大小却是相对的，可以说“小中有大，大中有小”。第一节，写圆宝盒之“大”，“大”到能把人的情感、全世界的色相都装进圆宝盒里。而后面呢，又在说圆宝盒之“小”：圆宝盒也许就是挂在耳边的一颗“珍珠”“宝石”“星”。就能看出圆宝盒这个意象能够伸缩自由，它本身是什么其实并不重要，重要的是诗人如何去表现圆宝盒的大小转换。就像我们刚才举的“阿莱夫”的例子，“阿莱夫”在博尔赫斯的小说中就是一面镜子，却能映射出所有的宇宙。卞之琳的“圆宝盒”与博尔赫斯的“阿莱夫”一样，形成了一种相似的意蕴。

圆宝盒表达了“小大由之”的意蕴，这只是卞之琳自己的一种解读。而有一些读者，如和卞之琳同时代的京派诗人和评论家——李健吾，按理来说他们对诗歌的理解可能会类似，然而，他们对《圆宝盒》这首诗的理解却产生了非常大的分歧。因为《圆宝盒》这首诗后面所出现的一个意象是“桥”，“桥”也搭在“我”的“圆宝盒”里，所以李健吾认为“圆宝盒”是一个连接的节点，连接过去和未来，它是一座“桥”。接着，李健吾又做了进一步阐释，认为“圆宝盒”又象征生命，因为生命就是一个过去、现在、未来的综合。随后，李健吾又认为诗人对人生的解释是很悲观的。他觉得“圆宝盒”象征着挂在耳边的一颗“珍珠”“宝石”“星”，相当于首饰，一种“装饰”。因此，“圆宝盒”就是人生的“装饰”，或者说一个人的生命就是另外一个人生命的“装饰”，这在李健吾看来是比较悲哀的。他还列举了卞之琳的《断章》来证明自己的观点：“明月装饰了你的窗子，你装饰了别人的梦”就是很悲哀的一种理解，因为“你”和“别人的梦”之间是一种“装饰”与“被装饰”的关系。

李健吾对《圆宝盒》的理解，卞之琳并不认可。在卞之琳看来一切都是“相对”的，《圆宝盒》也体现了“相对”的意蕴。他还举例，我们在大楼里举行一个盛宴，灯火辉煌，非常明亮，但是从遥远的某个地方看去，我们现在所处的空间就只不过是一个金黄的点、一个非常小的亮点。这只是相较而言，因为距离、所处的位置不同而产生的一种差异。卞之琳认为“相对”是这首诗的主题，和李健吾的理解存在较大分歧。但李健吾并不认为自己对这首诗解释有错，只是和诗人的解释不相符，但不能推翻我所有的阐释。李健吾说的话很有诗意，他说：“幸福的人是我，因为我有双重的经验，而经验的交错做成我生活的深厚。诗人挡不住读者，这正是这首诗美丽的地方，也正是象征主义高妙的地方。”象征主义对于诗歌意象的阐释，造成了诗歌的歧义性，诗人的经验和读者的经验的交错，使得诗歌有了更多的阐释空间。李健吾诗歌评论的重要特点之一是“感悟性”的批评。我们之前在讲“怎样读诗”的时候，就说到西方的“细读”方法就像是挥舞着手术刀，对诗歌进行非常详细的解剖，诗歌的边边角角，一个字、一个词、一个标点符号，都能非常清楚地阐释。而李健吾是一个“感悟式”批评的高手，他对诗歌的理解，不是局限于“细读”，而是用自己的人生体验去解读。

除了李健吾、卞之琳之外，还有一些诗人对《圆宝盒》进行了阐释，比如“汉园三诗人”之一的李广田。他认为第一节的“圆宝盒”是一个静态的呈现，第三节的“圆宝盒”是一种动态的呈现；第一节的“圆宝盒”是一个圆整无缺的宇宙，第三节的“圆宝盒”是一个有限的世界。静和动、主观和客观、空间和时间之间，是有相对性的，都是在层叠之中达成“一致”的。这种解释和卞之琳本人的想法有一定的融合之处。因此，我们可以看到，即便是同时代的读者、关系比较好的朋友之间，他们对同一首诗的阐释都可能不同，何况是隔着时间、空间的读者，他们的阐释就更不一样了。卞之琳的很多诗歌都是歧义性非常强的，这也是他的写作风格之一。

我们再来看杜运燮的《秋》。这首诗的写作时间、写作背景和

“文化大革命”是有关系的。“文化大革命”结束之后，可以说一切喧闹、一切“严峻的闷热的考验”都已经过去。前两节都是以“夏天”作为比喻来形容“文化大革命”的，这也牵涉到原型写作手法，介绍一下弗莱的原型批评学，他把春、夏、秋、冬四个季节对应着人生、社会中的一些成长要素。夏天是炎热的，也象征着混乱。秋天给人的感觉是丰收的季节、成熟的季节。窗外的天空是平和的，而且视野广阔，地里的庄稼成熟了，树上的果实也成熟了，给人舒服的感觉，即使是鸽哨也发出了“成熟的音调”。我们可以注意一下，鸽子在秋天和夏天发出的音调，有非常大的差异。在诗歌的末尾，杜运燮写道“街树也用红颜色暗示点什么，自行车的车轮闪射着朝气，塔吊的长臂在高空指向远方，秋阳在上面扫描丰收的信息”。“红色”象征革命，给人以振奋和热烈。“自行车”是20世纪七八十年代比较显著的特征，那时没有电动车，也没有那么多汽车，对20世纪70年代的人们来说，如果能够自由地在街上骑自行车说明当时的社会环境充满了朝气。根据生活经验观察到，早晨骑自行车，当车轮链条被阳光反射时，就好像在闪闪发亮。“塔吊”这个概念也很有意味，象征着蒸蒸日上的社会主义建设，象征着恢复正常之后的社会欣欣向荣地发展，阳光照在塔吊上“扫描丰收的信息”，预示着一个建设的年代即将到来。

杜运燮是九叶诗派的代表人物，有非常丰富的中西交融的体验，写的诗歌很多都带有现代主义的意味。1979年，杜运燮从山西回到北京，继续从事编辑工作。这段坎坷的经历，对杜运燮本人而言，应该说是非常难忘的，1979年这个时间节点比较特殊，和“朦胧诗”的兴起不谋而合。杜运燮其实并不是所谓“朦胧诗人”中的一员，只是把自己的感觉写了下来。但章明在《诗刊》发表的文章

《令人气闷的“朦胧”》，把杜运燮的诗歌定义为“朦胧诗”“看不懂的诗”，实际上是附会性误读。章明说这首诗他是“看不懂的”，担心问题出在他的“低能”，因而向一位“经常写诗的同志”请教，也摇头说读不懂。或许他们写的诗都与主旋律有关，歌颂党、歌颂毛主席、歌颂社会主义等，所以对于现代主义的手法相对比较陌生。然后章明就开始“猜”了，说不知道“猜”得对不对：“文化大革命”的十年就是“阵雨喧嚣的夏季”，而现在呢，一切都像“秋天”一样明静了。不过他后面又提出了另外一些疑问：为什么会把“鸽哨”和“成熟的音调”联系在一起呢？“初打鸣的小公鸡”可能发出“不成熟的音调”，“大公鸡的音调”就“成熟”了。“鸽哨”在章明看来没有“成熟”和“不成熟”之分。“紊乱的气流经过发酵”，章明认为“气流”怎么能和“发酵”联系在一块呢？“秋阳在上面扫描丰收的信息”，章明疑惑“信息”不是物质的实体，能被“扫描”出来吗？而且杜运燮把“酷暑”比喻十年内乱，为什么第二节又扯到“春天”，使读者产生“思想混乱”？章明还认为杜运燮不是用“中国话”写出来的诗，而是像先用外文写出来，再把它译成汉语似的。

章明没有站在现代主义诗歌分析的立场上，而只是借用自己的日常经验去解读，并且还从传统的现实主义手法的写作层次去解读，甚至连语序之间的复杂，他都能够解释成“不是用中国话”写的诗。如果从现在读者的角度去看，这首诗并不晦涩。我们在做期末考试题的时候，可能不了解杜运燮的生平，也不知道章明写的这篇文章，但我们也能够把这首诗的意义分析得非常清楚。说明对于我们现在的读者而言，这首诗并不是晦涩难懂的，也不可能是“令人气闷的‘朦胧’”。“朦胧诗”一词，其实是由一个“非朦胧诗”诗人的作品而命名的，这其实是一个历史的悖论。杜运燮自己是怎样去阐释这首诗的呢？他说1978年的秋天，对他而言是一个非常好的年份，因为就在这一年，他终于落实了政策，回到北京，也开始继续写诗了。他看到整个国家正朝着一个越来越好的方向发展，随着十一届三中全会的召开，国民经济得到快速发展，否则的话，杜运燮就不会写到塔吊、自行车这样的意象。1979年，杜运燮的心情是比较好的，他的想法非常明确，即多写诗，继续探索过去的现代主义的风格。杜运燮觉得秋天这个季节最大的特点是"成熟"，于是他把"成熟"的主题放进了《秋》这首诗里，并认为"歌颂智慧、感情都成熟的季节"是全诗最重要的一行。杜运燮还认为章明一开始是"猜对了"，他就是从回忆"阵雨喧嚣的夏季"联想到内乱的十年的，并且还把那些"劫难的枝条"和年轻人的成长结合在一起，我们绝对不应该忘记"那个夏季"的经历。这是杜运燮对《秋》的分析和呈现，这和学生B对这首诗的阐释基本一致，而章明对这首诗的阐释虽然有一些可取之处，但是他硬性地去附会，就不可避免地会闹笑话。我们在读诗歌的时候也要注意，不要把我们现在日常的、通俗的经验和诗歌硬性地去靠近，因为诗歌意义空间比我们日常生活中所看到的那些事物要大得多，同时我们也不要害怕"误读"。

最后，我们再去思考两个问题：你该如何去看待现代诗歌的歧义性？主题明确的诗歌是否就是好诗？我们现在可以讨论一下。（学生C：我觉得诗歌的歧义性就是每个人对诗歌的理解都有可能是正解的，需要深刻体会诗歌的意蕴和内涵。好诗的标准有很多，可以把"主题明确"评价为好诗的标准，但主题明确的诗，未必就是好诗。）对于诗歌的歧义性，可以有不同的见解。另外，主题明确的诗歌不一定就是好诗，也不一定每首诗都有一个明确的主题。我们今后在解读诗歌的时候，可以大胆地去解读，没有必要拘泥于某种阐释。下节课的主题是“现代诗的风格”，和我们这节课的主题“现代诗的歧义性”之间是相联系的，只不过歧义性是从主题、内容这个角度去说的，风格更多是从艺术的风格、艺术的阐释方面去理解的。

专题二：现代诗的风格

学生 A：自由体新诗是五四新文化运动的产物，形式上采用白话，打破了旧体诗的格律束缚，内容上主要是反映新生活、表现新思想。今天我们将从“自由”和“现代化”两个方面来介绍现代诗的风格。郭沫若的代表作《女神》是中国现代诗歌史上一座具有现代思想意义与现代审美特征的里程碑，《女神》实现了中国诗歌情感与诗体的双重解放，创立了自由体诗歌的新格局。郭沫若的《女神》代表着新诗初创时期的最高成就。著名学者龙泉明也在《中国新诗的现代性》中强调郭沫若创造了被称作“女神体”的真正的自由体新诗，充分展示了“五四”的诗体大解放。

我们先从郭沫若的代表作《天狗》入手，对现代诗风格进行详细解读。《天狗》分为四小节，来看第一节：“我是一条天狗呀！/我把月来吞了，/我把日来吞了，/我把一切的星球来吞了，/我把全宇宙来吞了。/我便是我了！”第一节以一个“吞”字作为关键词，展示了一条“天狗”吸纳世界万物的生命特性。你看这“天狗”，它把日月吞了，把一切的星球也吞了，甚至把全宇宙也吞了，在吞下这一切之后，它终于化成了自己：“我便是我了。”而我们思考，“天狗”究竟指代谁呢？其实他就是郭沫若本人，他饱餐世界优秀的思想文化，成为一个思想丰富、主体意识强烈的现代人。“天狗”包括的不只是他一个人，“天狗”还包括了中国近代史上所有寻求救国真理、追求现代知识与文化的中华儿女，他们是梁启超、王国维、鲁迅等。中国现代的思想与文化就是由这一群“天狗”合力而著成的。

接着看诗的第二节：“我是月底光，/我是日底光，/我是一切星球底光，/我是X光线底光，/我是全宇宙的Energy底总量！”吞下全宇宙的“天狗”开始向世人展现它的能量，它在吞进了宇宙星球之后，便放射出熠熠的光辉来。这既是宏观上日月星球的光，也是微观上的X光线的光，它代表了一切的光芒之所在。作者编织出一个具有宽广的胸怀与无穷的创造潜能的巨人形象。而《天狗》也将外来语插入诗歌，体现出风格的现代化。诗人一边学习西方文化，一边把自己对世界与自我的全新理解和感悟写成文字，《天狗》里的X光线、Energy，这些新词都体现出了现代诗的现代化。

再看第三节：“我飞奔，/我狂叫，/我燃烧。/我如烈火一样地燃烧！/我如大海一样地狂叫！/我如电气一样地飞跑！/我飞跑，/我飞跑，/我飞跑，/我剥我的皮，/我食我的肉，/我吸我的血，/我啮我的心肝，/我在我神经上飞跑，/我在我脊髓上飞跑，/我在我脑筋上飞跑。”这一节，诗人塑造了一个具有鲜明主体的抒情主人公的形象。这个抒情主人公正是一只经历了涅槃之后的凤凰，它以不断地毁灭、不断地创造与不断地努力的非凡力量，向世界彰显了现代文化蓬勃的激情与旺盛的创作欲望。现代诗的体验和感觉已挤满了这个抒情主体的星空，使他全然忘却了外在世界的客观存在，只是感到自我的孑然独立与异常强大。陷入非理性的“天狗”便把“我”作为唯一的对象与超越目标，它对“我”剥皮、食肉、吸血、啮肝，在“我”的思维天地里尽情撒欢，释放着无尽的活力与激情，显示着个性与张扬的自由精神。这是第三节所带给我们的一些启示。

第四节内容非常简短："我便是我呀！/我的我要爆了！"经历了一阵狂乱飞奔、吼叫与燃烧后，"天狗"再度回来，在平静之中，它惊异地呼叫着："我便是我呀！"作为诗歌写作者的郭沫若与作为抒情主人公的"天狗"在这里合二为一了。他们都异常真切地感受到自己正热血喷涌，难以控制，随时都可能要爆了。最后一节回应了诗的第一节，同时以"我的我要爆了！"这一诗句作为收束，使全诗呈现出饱满的张力。这就是《天狗》的主要内容，下面做一个总结。《天狗》中的"我"所喊出的看似迷狂状态的语言，正是猛烈破坏旧秩序的极好表现，这种情绪与五四时期思想解放的大潮流相一致，诗中的"我"是时代精神的代表者。郭沫若所塑造的"天狗"形象，充满了鲜明的主体性和现代意识，是极度自由、极度富有毁灭力量与创造精神的个体生命的象征，这是中国现代文学史上的一个超人形象。他对现代性的准确理解与深刻体验，造就了他主体张扬、性情狂放而自由的思想个性。

最后，我们把目光回归到现代诗的风格中，总的来说，现代诗的风格是"自由"和"现代化"。"自由"一是表现为诗体的自由化，不再局限于古体诗的格律；二是表现为思想的自由化，诗歌中充满了个人主体性。"现代化"所体现的是形式的创新，开放的内涵。诗歌逐渐开始打破旧框架的束缚，意象充满了现代化特征，这也是今天我们分析的现代诗歌的两个主要风格。

教师：从《天狗》这首诗中可以看出郭沫若早期诗歌的创作风格。在五四新文化运动时期，郭沫若的诗歌以及文学创作呈现出激昂的热情，而在《星空》阶段，他又体现出对革命受挫后的迷茫。然后，他又开始转为另外一种诗歌写作风格：他不高兴做个诗人，而只高兴做个“标语人、口号人”。“标语人、口号人”就意味着做诗歌的宣传者。宣传和诗歌语言有非常大的差异，但他从一个浪漫的、抒情的诗人转向“标语人、口号人”，其实并不是偶然的。一方面，郭沫若的性格多变，他是一位很浪漫的诗人，可以随着时代的变化而改变自己的风格，改变自己的行为决策；另一方面处在革命、抗战的年代，每个人都是和国家的命运息息相关的。而郭沫若作为一个有爱国心、社会责任心的诗人，肯定要做出相应的转变。诗人的风格是和时代的风云联系在一起的。接着讨论一下，现代诗的风格究竟指的是什么？现代诗的风格和古诗的风格又有什么样的区别？

风格一定是独特的、鲜明的，而且要具有稳定性。每个人的经历不同，所处的时代不同，就形成现代诗歌多样性的风格，就像大自然中的花一样，五颜六色，有的颜色非常艳丽，有的颜色雅淡一些；有些花开的时间比较长，如月季花，但有些花呢，开的时间非常短，如昙花。有些诗歌，乍看上去让你觉得惊艳，但仔细阅读之后，其实并不是特别吸引你，或者不是特别理解。而有一些诗歌呢，刚读的时候，没有什么特点，平淡无奇，待你深入字词、肌理中去，会给你留下持久的印象。这里还有一个问题，就是“诗人风格”和“诗歌风格”之间有什么区别呢？“诗歌风格”是指一首诗体现出来的个性和气派，是固定的，而“诗人风格”是会随着时代，随着社会语境的变化，呈现出不同的特点的。列举一个我们比较熟悉的诗人穆木天，他在象征主义诗歌阶段提出了“纯诗”的观念，尤其是九一八事变之后，穆木天的家乡东北沦亡了，他感到诗歌不能仅表现个人的悲欢离合、纯粹的语言艺术，还要更多地追求大众的心态、大众的呼唤。所以，在 1931 年之后，穆木天转向了大众化诗学，并成为诗歌大众化的坚定支持者。从纯诗到大众化，诗学理念、诗歌风格的转变，可以说是非常大的，这是穆木天基于不同的时代、不同的社会氛围所做出的选择。另外一种情况，就是不同的诗人个体基于相似的诗歌理念、创作心态，会呈现出相近的诗歌风格，这也是各种流派、思潮出现的原因。比如，新月派诗人闻一多、徐志摩、林徽因、朱湘等，他们的人生经历有很大差异，但是在 20 世纪 20 年代和 30 年代前半期的时候，他们的诗学立场比较相似，都追求诗歌的格律化。

总之，在分析诗人风格与作品风格时，具体作品具体分析，不能一概而论。比如，这首诗歌是郭沫若写的，它就一定是浪漫主义的，我们可以说郭沫若在五四时期的诗学风格是这样的，但一旦脱离了“五四”的语境、脱离了新文化运动的时代背景，他的作品风格就变了。现代诗歌所处的发展时代，是风云变幻的历史时期，整个国家、社会的变化非常大，基于此，诗人也会做出相应的反应，这也是影响诗歌风格的外部因素之一。比如，一个处于战争年代的诗人，主题更多是表现对国家和民族的忧患，作品要有很强烈的历史因素。就像 20 世纪 40 年代将诗歌分为几个不同的区域。解放区的诗歌因为受到毛泽东《在延安文艺座谈会上的讲话》的影响，更多是以明朗、乐观为主基调，积极追求大众化，语言通俗，并且在诗歌形式方面也结合信天游等民歌形式。而在国统区，以西南联大为中心的一些诗人，受到西方现代主义的影响，也呈现出对国家、民族的忧患意识。另外，像沦陷区，当时的天津和北平有很多诗人都在写历史题材的诗歌。其中，有代表性的诗人吴兴华，基于特定的社会背景，不可能写很激进的诗歌。因此他写的诗歌融入非常多的历史因素，把很多的历史人物都写进诗歌中，借过去的事情来思考中国的现在和未来。而且吴兴华的中国古典文学功底非常深厚，同时，他又是一位非常优秀的翻译家，让读者感受到中西两种文化交融的独特魅力。

由吴兴华的诗歌，我们也可以看到影响诗歌风格的另一个外在因素：外国诗歌及艺术思潮、创作方法的传入与影响。自五四新文化运动以来，外国的诗歌思潮、创作方法被大量地传入中国，对中国诗人的创作产生了一定影响。比如里尔克之于冯至、奥登之于穆旦等。这种影响不仅限于现代文学时期，进入20世纪80年代以来，中国改革开放，各种西方艺术思潮比之前更大规模地涌入中国，翻译的诗集越来越多，而翻译也是诗歌的再创造。在翻译和介绍的同时，也就潜移默化地影响到个人的诗歌创作。

刚才谈到影响现代诗歌风格的两个外因，当然也有内因。第一个内因是中国现代诗歌不仅受到社会的外在影响以及外国诗歌的影响，它自身也在不断地向前发展。不能否认它继承了古典诗歌的诸多优良传统。新诗初创期的诗人从小便接触大量的中国古典诗歌，如胡适、刘半农、郭沫若等。在新月诗派的诗歌中也很容易地找到古典诗歌的影子，如徐志摩、朱湘、闻一多等人的诗歌。甚至到了20世纪40年代，古典诗歌对诗人的影响也非常大，如使用历史典故、追求格律等。而到了20世纪八九十年代，古典诗歌对诗人的影响也是在不断地得到体现，如当代诗人张枣的诗歌中就有非常强的古典审美。这是中国现代诗歌在发展的过程中，不可避免地与古代诗歌产生碰撞的表现。

第二个影响诗歌风格的内因是现代诗歌自身的发展。我们在学习现当代诗歌发展脉络的时候，会发现诗学流派非常多，而且更新也比较快。以20世纪20年代诗歌为例，从胡适的《两只蝴蝶》这样类似口语化的作品，到新月派诗人追求格律化的作品，再到李金发追求象征主义诗风的作品，中间的变迁可能就只有短短的几年。这种现象很常见，现代诗歌的风格要发展，不可能长期停留在一个阶段。

第三个影响诗歌风格的内因，即诗人自身的原因。每个人的生平、性格，以及面临时代变化时的选择都不一样，他们的诗歌之间也会存在非常大的差异。以诗人穆木天为例，他从追求“纯诗”的风格到转向“大众化”，反差非常大，这与他所处的时代有关系。但同时我们也不能否认一些诗人，无论时代怎么变迁，社会风气发生多大的变化，他自始至终都有明确的立场、执着的选择，因此他的诗歌风格始终没有太大变化。比如，诗人纪弦，20 世纪五六十年代台湾非常著名的诗人，也是台湾现代派的发起人，20 世纪 30 年代在大陆就已经出名了，只不过那时候他的笔名叫作路易士。从 20 世纪 30 年代起，他就积极地追求现代主义的写作风格，他反对格律，也反对大众化的诗风。后来他到了台湾，积极地推行现代主义诗歌，诗歌风格始终保持一致。下面就以郭沫若的《天狗》和多多的《春之舞》为例，来说明诗学风格是怎样得到表现的。刚才 A 同学已经非常详细地分析了《天狗》，这里再阐释几个需要注意的问题。A 同学指出这首诗中的“自由”和“现代化”两种风格。“自由”，是指诗歌不强制追求格律、押韵、句行的整齐等。“现代化”呢，主要是指这首诗中出现的一些具有现代科学意味的词语，如 X 光线的光、全宇宙的 energy 的总量，还有电气、皮肉、血、心肝、神经、脊髓、脑筋等，郭沫若把现代医学、现代科学的一些专用术语与诗歌结合在一起，能够体现出五四新文化运动之后，诗人对科学的热爱和追求。

另外还有抒情主体的问题。《天狗》这首诗中的抒情主体“我”自称为“天狗”，当然，“天狗”也是郭沫若对自己的一种比喻。这个“我”是什么样的呢？统计一下这首诗里有多少个“我”。“我”的凸显是这首诗最让人难忘的风格特点，“我”反复地出现，给读者非常强烈的印象，整个诗歌就是围绕着“我”的行动而展开的。

"我"是一个"大我"，大到把日、月、一切的星球都吞到自己的肚子里，把全宇宙都吞到肚子里，"我"借这些非常有意义的行动来证明自己。而且这个"我"也是一个有激情的"我"，不安分待在一个地方，是具有动态的"我"。我们看"我"是怎样行动的："我飞奔，我狂叫，我燃烧，像烈火一样燃烧，像大海一样狂叫，像电气一样飞跑。""我"的肢体、"我"的行为和自然的事物、科学的事物结合在一起。尤其是这里提到了"电气"，"电气"的传导非常迅速。把"我"的飞跑比作"电器一样"，足以说明"天狗"的速度的确非同寻常。"我飞跑，我飞跑，我飞跑"，用反复、强调的字句，也是来形容"天狗"跑得非常快，它不仅非常狂热地在奔跑、在行动，它还进行自我解剖，自我吞噬："我把我的肉给吃了，我把我自己的心肝给吃了，我在我神经上飞跑，我在我脊髓上飞跑，我在我脑筋上飞跑"，这里将医学的元素和"我"的个体行为形象地结合在一起。那么，解剖、吞噬的最后结果是什么呢？也就是第四节："我便是我呀！我的我要爆了！"同学 A 已经很好地分析出最后一节和第一节的一种对应关系，第一节最后郭沫若说："我便是我了"，而最后一节他写道："我便是我呀！"这里要注意"爆了"，"我"在充分地证明自己的同时，也有一个非常悲剧性的结局：爆炸，而且是"自我爆炸"。为什么会"自我爆炸"呢？"我"的自我凸显达到了极限，或者说"自我膨胀"到一定极限，整个宇宙已经容纳不下"我"了，那就只有"自我爆炸"。抒情主体归于毁灭和爆炸，这样能够体现出《天狗》的诗学风格，即极度自由，又极度叛逆、狂热，以至于最后以爆炸作为结局。这体现了抒情主体膨胀到最后必定会出现问题。在五四时期，郭沫若认为诗歌是"生的颤动，灵的喊叫"，强调破坏，强调创造，强调奔放，在那种时代氛围之中，这种心态是非常正常的。五四新文化运动带来的是自由的精神、动荡和反抗的精神，人们的思想解放之后就会有叛逆、喊叫，心灵的呐喊，这与当时的时代背景相吻合。郭沫若此时还是一位提倡浪漫主义诗学风格的诗人，追求夸张的语言，追求心灵的呐喊。这种叛逆的风格，自由的风格，对抒情意识的一种高涨，可以说是《天狗》的基本格调。

我们再看一首当代诗歌，多多的《春之舞》：

雪锹铲平了冬天的额头
树木
我听到你嘹亮的声音

我听到滴水声，一阵化雪的激动：
太阳的光芒像出炉的钢水倒进田野
它的光线从巨鸟展开双翼的方向投来

巨蟒，在卵石堆上摔打肉体
窗框，像酗酒大兵的嗓子在燃烧
我听到大海在铁皮屋顶上的喧嚣

啊，寂静
我在忘记你雪白的屋顶
从一阵散雪的风中，我曾得到过一阵疼痛

当田野强烈地肯定着爱情
我推拒春天的喊声

淹没在栗子滚下坡的巨流中

我怕我的心啊
我在喊：我怕我的心啊
会由于快乐，而变得无用！

（学生B：我觉得多多的《春之舞》体现出他对生命的一种理解。另外诗中有一些超现实的语言存在）这首诗点出了多多的心理："从一阵散雪的风中，我曾得到过一阵疼痛"，还有"我的心啊/会由于快乐，而变得无用"，这都是对个人生命的一种感悟。而且刚才同学B还指出了一个很好的点，诗中有一些超现实的语言，即所描述的现象，或者行为、语句，可能都不是真实存在的，将这些超现实的语句和大自然中的日常现象结合在一起就呈现出意想不到的效果和风格。"白洋淀诗群"中提到过，多多在"文化大革命"中后期就开始写诗，他写的诗有别于"文化大革命"时期的那种高昂的、激进的、大众化的诗风，他积极地追求西方现代主义思潮与中国古典抒情的融合，而且还是倾向于西方的意象和超现实的语言。

我们看这首《春之舞》，它的核心意象是春天。春之舞，即"春天的舞蹈"。在诗的前半部分，都是在写春天的景色，大自然的风景：冰消雪融、春暖花开、柳树变绿。来自东北或者在东北生活过的学生，可能会对"化雪"有独特的体验。东北的冬天很长，雪积得很厚，不容易融化。而一旦化雪，那种"激动的"心情，就连树木也发出"嘹亮的声音"。我们想象一下，树木的枝条上本来雪积得厚厚的，突然间温度升高，然后雪就"哗"的一下全都化掉，非常迅速，这样的一种情景被多多比作"化雪的激动"，进而"铲平了冬天的额头"。

"冬天的额头"上本来有非常多的积雪，把"额头"全部覆盖了，突然间有一种力量把雪全部铲平了，这样一种场景也让我们联想到雪化的速度非常快。除了"化雪"之外，春天的到来还有一些怎样的表现呢？"太阳的光芒像出炉的钢水倒进田野。"太阳像钢水一样，"哗"的一下子从炉中喷出来，瞬间光芒四射，而且非常迅速地"倒"进了田野。"它的光线从巨鸟展开双翼的方向投来"，我们想象一只大鸟展开翅膀，而太阳就像巨鸟的双翼一样，把光芒投向四面八方。

最后的重点要归结到第三节，这一节运用一种超现实语言，或者说是具有象征意义的语言。"巨蟒，在卵石堆上摔打肉体，窗框，像酗酒大兵的嗓子在燃烧，我听到大海在铁皮屋顶上的喧嚣。"这里实际上描写了三种和"化雪"有关的声音。"巨蟒，在卵石堆上摔打肉体"，我们想象：一条非常巨大的蛇，它在石头上不停地翻滚着，不停地摔打着，发出来的那种"砰砰"的声音是非常剧烈的。"窗框"怎么能像"酗酒大兵的嗓子"在"燃烧"呢？我们联想在非常激烈的化雪过程中，窗框剧烈颤抖，而"大兵"在喝了很多酒后，他的嗓子受到酒精刺激，火辣辣的，就像是在"燃烧"一样。这种联想非常新奇，把"窗框"颤抖的声音和嗓子的"燃烧"结合在一起，体现了多多作为诗人丰富的想象力。而"屋顶"像大海一样"喧嚣"，是因为屋顶上的雪，本来非常厚，突然间融化掉了，尤其是金属的铁皮屋顶，融雪一团一团地从屋顶上滑下来，从固体的雪变成液体的水，水和屋顶的碰撞发出巨大的声响，就像大海一样不停地喧嚣。前三节都是以"化雪"为核心，讲述春天所带来的大自然的变化。

后三节，多多还是在强调生命的意识："从一阵散雪的风中，我曾得到过一阵疼痛"，这就从大自然的变化引出心灵的变化——"疼痛"。"我推拒春天的喊声，淹没在栗子滚下坡的巨流中。""栗子滚下坡的巨流”其实也是形容“化雪”，雪都变成洪流了，轰轰烈烈地从山坡上滚下来，与“我”内心的呼唤相呼应。所以，在诗歌的末尾，多多又喊出了自己的声音，从化雪的声音到自己的心声，大自然与个人心灵之间发生了密切联系。多多在喊什么呢？“我怕我的心啊 / 我在喊：我怕我的心啊 / 会由于快乐，而变得无用！”“我的心”快乐、激动到了什么程度呢？变得“无用”。在一个人非常快乐，一个人为生命意识所包围的时候，他觉得他的心完全被这些情绪包围，除此之外，他再也感觉不到任何的东西，这就是生命意识的一种呈现。多多写春天，不同于古典主义诗人的写法，完全呈现的是现代主义因素，他在诗中所用的意象也非常新奇。他的风格可以说从 20 世纪 70 年代直至今天，没有怎么变化。当整个中国到处充满红色激情的时候，多多就已经写出《致太阳》《玛格丽和我的旅行》《手艺》，从标题上就能看出这些诗歌受西方现代主义影响较深，并呈现出与同时代的“朦胧诗人”舒婷、顾城、北岛不同的风格。写诗，就是在写语言和人的情感交织的一种过程。我们在读诗的时候，除了关注主题之外，更多的是要关注它的风格和语言，要善于利用丰富的想象来识别诗人独特的风格。

现在我们可以讨论一下，大家作为 20 岁左右的大学生，你们喜欢什么风格的诗歌？对诗歌风格有怎样的认识？（学生 B：我比较喜欢类似于舒婷的《致橡树》的诗歌风格，用一些象征的手法来表明自己的态度，这种感觉很美。）其实这可能是很多女学生共同的选择，因为我们对于诗歌风格的理解，会受到性别、年龄、阅历等因素的影响。就我自己的阅读体验来说，我更喜欢具有崇高美的作品。昌耀的诗歌《峨日朵雪峰之侧》，能够非常鲜明地体现崇高美特征，这首诗也被收录到了最新版的高中语文教材中。

我们先从题目来开始解读。《峨日朵雪峰之侧》，“峨日朵雪峰”位于青海省，属于祁连山脉。那个地方的山，海拔非常高。这座山峰的名字本身就给人一种崇高美，爬山是多么困难，尤其是爬雪原的山峰。但越是困难，越是诗歌中的“我”所要挑战的。“我”的能力有限，所以诗中第一句话中就提道：“这是我此刻仅能征服的高度了”，虽然“我”渴望成为雄鹰或雪豹，但是作为人类，“我”此刻的力量就只能达到有限的高度。“我”爬到这个地方，看到了一些什么景象呢？“彷徨许久的太阳正决然跃入一片引力无穷的山海，石砾不时滑坡，引动棕色深渊自上而下的一派嚣鸣。”这里呈现了大自然磅礴的景象，但也隐藏着较大的危险。为了征服高山，“我”的指关节像铆钉一样陷入巨石的缝隙之中，而且血滴已经从脚底渗出。这些比喻或者是他看到的景物，形容他爬山的过程非常艰难，并且无法挑战人类的极限，这是一种悲剧的美感。虽然无法到达山的顶峰，诗歌也没有给人特别沮丧、懊恼的感觉，因为“我”想象有一只雄鹰或雪豹与之为伍。雄鹰在天上自由自在地飞翔，雪豹在大地上非常轻快、跳跃迅速，这两种动物给人的感觉充满了雄壮激昂之美。“我”作为人类，希望与这样的动物为伍，就说明他的身边没有其他人，就只有他一个人征服山的高度，他是孤独的，但又是执着的。而且我们还要注意到最后几句，“我”在爬山的时候，在想象雄鹰和雪豹的时候，他还看到一只“小得可怜的蜘蛛”，蜘蛛的“小”与山的“大”之间形成了非常鲜明的对比，更加突出“我”所追求的高度，即崇高和壮丽。这首诗是昌耀作品崇高美风格的典型体现。同学们也可以结合昌耀诗歌的崇高美，对他的另一首诗《鹿的角枝》进行现代诗的意象分析。

专题三：现代诗的意象

学生 A：今天由我讲解施蛰存的《银鱼》。施蛰存原名施德普，字蛰存，常用笔名有施青萍、安华等。他以写心理分析小说著称，是中国新感觉派的主要作家之一。同时，他也创作新诗，大多发表在《现代》杂志。现代诗派便得名于这本杂志，施蛰存代表刊物撰写了创刊宣言，提出："现代中的诗是诗，而且纯然是现代的诗。它们是现代人在现代生活中所感受到的现代的情绪，用现代的辞藻排列的现代的诗情。"请同学 B 来朗读一下这首诗。

学生 B：

横陈在菜市里的银鱼，
土耳其风的女浴场。

银鱼，堆成了柔白的床巾，
魅人的小眼睛从四面八方投过来。

银鱼，初恋的少女
连心都要袒露出来了。

学生A：这首诗的标题是“银鱼”，让我们来看一下银鱼的这张图片，很明显它们都如此地晶莹剔透，与诗中的形象很贴近。但为什么要把银鱼和“土耳其风的女浴场”“柔白的床巾”和“初恋的少女”联系起来呢？

银鱼和“土耳其风的女浴场”联系在一起，有一种奇妙的美。浴女与银鱼都有着洁白柔嫩的肌肤与曲线柔和的形体，而这样的肌肤与形体又一直是人类艺术的传统表现对象。把银鱼和“柔白的床巾”联系在一起，又有一种对休闲、睡眠的向往呼之欲出。银鱼是取侧卧的姿势的，对疲惫的人们来说，舒适的睡眠以及与睡眠相联系的洁白柔软的卧具无疑非常具有诱惑力。把银鱼和初恋的少女联系在一起，是因为初恋的少女不但有着银鱼般姣好的形体，而且心灵像银鱼般纯洁得近乎透明，她们的喜悦、她们的憧憬、她们的甜蜜和忧伤几乎都写在脸上。像银鱼一样，她们的五脏六腑、她们的心都要袒露出来了。

下面我们进行总结。施蛰存的这首诗中的三个意象，可以说都充满了对于女性爱的或隐或显的象征与暗示。正是这些象征与暗示，打通了三个看似毫不相关的意象之间的内在联系，即通过“银鱼”这个艺术形象的幻化，充分展示了女性的巨大魅力。从形体、容颜到心理，由于精心的艺术处理，使得深刻的内在联系在文字表面层次几乎无迹可求，显示了其深厚的艺术功力。诗人在认真借鉴心理分析方法的同时，显然也很好地继承了古典文学艺术中那种重含蓄、少直露，调动多种艺术手段以美化艺术对象的民族美学传统。

好了，我对施蛰存的《银鱼》的讲解到此结束，接下来由同学C为我们讲解昌耀的《鹿的角枝》。

学生C：大家好，我为大家讲解一下这首《鹿的角枝》，首先我们先来看诗的作者昌耀。昌耀，本名王昌耀，出生于湖南常德，是中国当代诗人。他的经历比较坎坷：1950 年，参加中国人民解放军并考入部队文工团；同年，参加抗美援朝。1953 年，在朝鲜战场因负伤残疾而转业。1957 年被错划为“右派”，1979 年 3 月被改正。1999 年 10 月，他被查出患有腺性肺癌，与癌症抗争数月后在医院跳楼自杀。他的诗以张扬具有饱满生命力的意象见长，渗透着他对生活的独特体验，读他的诗歌，能够感受到其中生命的律动，这与他的经历相关。请同学 D 为我们朗诵一下《鹿的角枝》这首诗。

学生 D：

在雄鹿的颅骨，生有两株
被精血所滋养的小树。
雾光里
这些挺拔的枝状体明丽而珍重，
遁越于危崖、沼泽，与猎人相周旋。

若干个世纪以后，在我的书架，
在我新的收藏品之上，才听到
来自高原腹地的那一声火枪。——
那样的夕阳倾照着那样呼唤的荒野。
从高岩。飞动的鹿角，
猝然倒仆……

……是悲壮的。

整首歌的风格比较悲壮。它以苦难为主题，但是“大苦不言，大悲不哭”，让人看见诗人于沉静平和之中，心无伤痛的样子。这首诗叙事状物具体真切，一头雄鹿颅骨上长着两株“明丽而珍重”的“枝状体”，也就是这头雄鹿的鹿角。雄鹿与猎人相周旋，但是很不幸，它被火枪打中了。“从高岩。飞动的鹿角，猝然倒仆……”这就是鹿角来源的故事。若干年后，“鹿的角枝”被陈列于诗人的书架上，仿佛在诉说着过去的故事。

全诗以描写行文，只在最后以半句议论收束，唤起读者头脑中的形象感。我们来总结一下“鹿角”这个意象的特点。第一，形象鲜明；第二，富有动态；第三，珍奇稀有。三者综合起来，就构成了诗中核心意象“鹿角”的审美基础。我的解说就到此结束了。

教师：我们经常说意象，诗歌意象、小说意象等，那究竟什么是意象？意象本身又有什么样的特点？我们怎样找到一首诗的核心意象呢？

首先，了解一下“意象”这个概念到底指什么？诗歌意象和其他的意象之间有非常大的差异，现代诗的意象和古诗中的意象也有一定的区别。可以说，意象并不是从西方舶来的概念，而是中国古代的诗歌中就已经有了关于意象的书写。举个例子，“春花秋月何时了？往事知多少”中的“春花秋月”，就是一种意象的书写，把“春花秋月”和“往事”这种人的愁绪联系在一起，我们就认为意象既有了客观的形象，又有了主观的情绪。“意象”这个词，要分为两个部分来分析。“意”，是一种主观的情绪，“我对你有意思”，这个“意思”就是人的主观情绪，我们心里有什么样的感受，就发之而出。而投射到哪里呢？我们看到的自然事物“春花秋月”本身是没有感情的，春天的花，秋天的月亮，这些事物都是客观存在的，不会因为个人的情绪而改变，因为月亮每天都升起，年年春天都开花。但是，如果我们把个人的情绪、主观的意志投射到客观事物上去，这样的客观对象就有了情绪，我们看到它的时候，就会联想到一些主观性的经验，所以“意”和“象”两者其实是分开的，但是通过文学作品将两者结合在一起。艾青说：“意象就是诗人从感觉向它所采取的材料的拥抱”，也就是说“意”“象”两者是缺一不可的。如果你只有“意”，只有主观的情绪，但没有投射到一定的事物上，那就只能是个人的一种感觉，不能称为意象。所以，意象是主观的“意”和客观的“象”，两者的融合。

我们现在对意象的理解既有中国古代诗歌的经验，也有西方现代派诗歌的经验。中国古代诗歌中所采用的意象，往往是中国古代诗人所处的那个时代所能接触到的事物。我们刚才列举的“春花”“秋月”，基本上都是来自大自然的意象。而中国古代本质上来说是一个乡土田园社会，诗人所接触到的都是和大自然相关的、和乡土社会结合的意象。没有现代化的设备、事物，都是“风花雪月”自然的景观与诗人自身的情绪相结合。而到了现代时期，尤其是五四新文化运动以来，随着现代的科学、思想得到飞跃式发展，现代诗歌中出现的意象就不仅仅是自然景象了，出现了很多现代化的事物，如郭沫若的《天狗》，诗中就有很多现代化的意象（如X光、Energy等），以及一些医学术语（如神经、脊髓等）。这些意象是不大可能出现在古代诗歌里的，因为古代诗人不知道什么是电、什么叫X光，就无法把他们的情绪与这些现代化的术语结合在一起。而进入现代社会，人们可以看到诗歌中越来越多的关于现代经验的意象，甚至有一些在传统看来非意象、非诗学的字眼也能够进入诗歌中。诗人可以描述太阳、月亮、星星，同时也将鸡蛋、石头、煤矿这些非诗意的词语纳入作品中。所以能够看到，随着现代技术的发展，社会的进步，诗人对意象的拓展也越来越广泛，人们的情绪也越来越复杂。

诗歌意象和一般的意象之间也有一些区别。诗歌的意象具有两种最基本的特点：象征性和歧义性。什么是象征性？我们还是举刚才那个例子，“春花秋月何时了？往事知多少”，对往事的追忆，是通过“春花秋月”这种物象表现出来的，而不是一种直接的方式。“春花秋月”是以一个载体的方式，把人的情绪调动起来。“象”本身是一个客观的事物，它如何引起我们的心理反应呢？就是通过象征、隐喻体现出来的，也就是我们经常说的含蓄之美。美感、诗意不是通过直接的叙述、描写带给我们的，而是我们通过体会它的象征性，感受到象外之意。而且这种象征的意义，可能无法用科学语言去描述，却让人回味无穷。

同一个意象，对于不同的读者理解也不一样。比如“银鱼”这个意象。“银鱼”可以是“土耳其浴场的女浴巾”，也可以被形容成女子的身体，这种不同的阐释都是根据读者自己的心理状态进行的。我们对“银鱼”的理解不一定和施蛰存相同，可以把“银鱼”想象成一种食物，不一定是那些非常诗意的意象，这就是意象的歧义性，每个人的经验、性格差异，导致对诗的理解、对意象的阐释也有所不同。比如“桃花”这个意象，“桃之夭夭，灼灼其华”“人面桃花相映红”，这些诗句都把“桃花”意象赋予了美好的寓意，并且符合中国古代人的审美。而在海子的诗歌中，“桃花”这个意象被赋予了个人的含义。因为海子在创作一系列“桃花诗”的时候，心情已经非常绝望，不难看出，他在人生最后一段时间写下的“桃花”都是和鲜血、刀、死亡等意象联系在一起，“桃花”不再寓意美好，而是暗示着死亡，这与海子当时的心理状态紧密相关。所以，“桃花”对于古今的诗人而言，有着不同的含义，这就是意象的歧义性。

下面介绍意象的组合方式。一个单纯的意象，往往不能构成一首复杂的诗歌，为什么我们感到有些诗歌意象非常繁复？像北岛的诗歌就善于用意象来表达自己的情绪和经验，这就涉及意象的组合方式。不同的诗人个性不同，对意象也会有不同的组合方式。首先分析顾城的《弧线》。《弧线》这首诗八行四节，每一诗节都有一个清晰的富有动感的视角意象，因为它是一首典型的意象诗。它的意象组合方式，采用并列的方式，将四个关联不大的意象组合在一起；《银鱼》也具有这样的特点，将三个看起来毫不相关的事物结合在一起，就构成了一个新的意象。另外一种意象组合方式叫作意象的叠加，即把两个意象结合在一起，构成一个新的意象。比如，顾城的《生命幻想曲》中提道："阳光的瀑布洗黑我的皮肤"，这里出现了两个意象：一个是阳光；一个是瀑布。两个意象叠加在一块儿，就构成第三个新的意象："洗黑我的皮肤"。

再如，美国著名诗人埃兹拉·庞德，他也是意象派的代表诗人，他的《在地铁车站》这首诗虽然非常短，仅仅两行，却运用了意象的叠加手法。"人群中，这些面孔幽灵般显现，湿漉漉的黑色枝条上朵朵花瓣。"这是一种意象的叠加，把"人群中的面孔"比作"黑色枝条上朵朵花瓣"，并且还是"湿漉漉"的。为什么会产生这样的联想？这其实体现了一种现代感。就像我们在雨天坐地铁的时候，车站非常潮湿，空间比较昏暗。当地铁进站时，会突然闪现一群人，我们还没看清他们的模样，他们的面孔就像幽灵一样飘走了。"湿漉漉的黑色枝条上朵朵花瓣"，这里面有一个视觉性的冲击，地铁就像是黑色枝条，浮现出很多花瓣似的人脸。这样的意象描写是诗人将现代社会的经验与对大自然的联想结合在一起，非常恰到好处地将"意"和"象"二者相融合。

也有一些诗歌看起来并不是抒情体，如张曙光的诗歌《1965年》，整体给人的感觉是叙事性诗歌，与我们的这种意象诗歌差距非常大。但是它所描述的一个场景、一个事件也可以看作一个意象。《1965年》就写了看电影、打雪仗这两件事，这样的一种场景，也可以看作一个意象。

下面具体分析《银鱼》和《鹿的角枝》这两首诗对意象的阐释。银鱼的确是一种食物，并不是一种观赏性的鱼类。为什么施蛰存选择的意象是银鱼，而不是金鱼或者鲤鱼呢？这或许和他自己的生活经验有关系，银鱼主要出产于东南沿海一带，如浙江、上海那边的渔场。施蛰存是活跃于上海的诗人，他能够经常在菜市场里看到银鱼。而且，“银鱼”这个词语给人带来直观的美感，怎样能把银鱼写活？银鱼如果仅仅是横陈在菜市场里，只能感受到这是一堆鱼，但是施蛰存把银鱼比作“土耳其风的女浴场”，将银鱼和优美的身体形象结合在一起，并且带有异域风情、小资格调。第二节又进一步强化了这种格调，银鱼堆成了“柔白的床巾”，诗人将堆起来的形态与“柔白的床巾”联系在一起。A同学刚才已经阐释过，“床巾”是和睡眠相关的物品，让我们感到惬意和舒适。银鱼的姿态也让我们联想到一个很美的女子，她侧躺在床巾上休息的姿态。“魅人的小眼睛从四面八方投过来”，银鱼的眼睛的确很小，“魅人”让我们联想到如果床上横卧着很多漂亮的女孩，四面八方投来迷人的目光，这样的场景体现了女性独特的魅力。第三节更是强化了女性的这种魅力。“银鱼，初恋的少女，连心都要袒露出来了。”银鱼本身是透明的，能够清晰地看到其五脏六腑。而“初恋的少女”给人的感觉纯洁、善良、洁白无瑕。她之前没有谈过恋爱，她在表达情感的时候，往往很直白、纯真，甚至连心迹都坦露出来。这样的主观感觉和银鱼的客观形象结合在一起，更能够加深我们对“银鱼”这个意象的感受，每当看到银鱼，就能联想到女性身体、心灵的美好与纯粹。这其实和施蛰存个人的写作风格相关，因为施蛰存是“新感觉派”的代表人物之一，也是《现代》杂志的编辑，新感觉派诞生在发达的现代化城市上海。民国时期的北平，不大可能出现这种流派，因为20世纪30年代的北平，是一个充满着乡土气息的城市，不可能出现“银鱼”这么雅致的、富有肉体感的意象。我们一想到民国时期的北平，就想到卞之琳笔下那些喝酸梅汤的老头儿，以及老舍的《骆驼祥子》中的人力车夫。但是上海那时已经是一座现代化的大城市，有高楼大厦、有轨电车、摩登酒吧，还有打扮入时的现代女郎。在这样的情况下，才会诞生新感觉派，才会诞生施蛰存的作品。

施蛰存的代表作《梅雨之夕》，讲的是在一个梅雨天的傍晚，一个男子在路上走，突然发现前面一个女子长得很像自己的初恋情人，所以这个男子就尾随她。在尾随的过程中，男子的脑海中不断地浮现昔日恋人的影子，但最后发现这名女子与昔日的恋人形象不符，因此放弃了继续跟踪的念头，这时他想到了家里的妻子。这种对男性的欲望、心理的描述，可以说是新感觉派的典型的书写。银鱼本身是一种食物，但是它能够和女性的身体、一些女性化的意象联系起来，这是通过男性的审美视角、男性的心理去书写的。他为什么看到银鱼会联想到女性？那就说明他会根据自己内心潜在的欲望去写银鱼。此外，我们还可以想到戴望舒的《雨巷》，如果从中国古代的审美角度来看，这首诗写得非常美好，但如果从现代人的角度去理解，你在巷子里看到一个“丁香一样的结着愁怨的”姑娘，是男性本身对女性产生的心理反应，所以才会去观察这个女子。

这其实就是现代人的风格。对于《银鱼》这首诗，施蛰存也有自己的一段说明：第一，这三节诗创作源于菜市场鱼贩子竹筐里的银鱼。读者了解银鱼的外表，就能够懂得诗人当时的心境，这首诗就实现了它的效果。如果之前没有见过银鱼，或者看了银鱼，没有施蛰存那样的感觉，就说明这首诗比较晦涩。这段话的意义，就在于阐释意象的歧义性。同样一个意象“银鱼”，“吃货”看到的就是一种食物，而对于新感觉派诗人，就能联想到“土耳其风的女浴场”“柔白的床巾”“初恋的少女”。

再看当代诗人昌耀的作品《鹿的角枝》。乍一看这个题目，给人第一感觉就是“鹿角”这个意象。为什么非得写“鹿的角枝”？“鹿角”这个意象给我们的视觉冲击不如“角枝”大，因为“角枝”这个词更具有形象美，角是分叉的、挺拔的，就像树枝一样。这首诗整体都是围绕着“鹿的角枝”这个意象而展开的。诗的前半部分主要写“鹿的角枝”的形状。注意，只有雄鹿的头上长角，雌鹿是没有角的。“雄鹿的颅骨，生有两株 / 被精血所滋养的小树”，这里运用比喻，把“鹿角”比作“精血所滋养的小树”。鹿角是一种中药材，里面有血管相连，如果割下角，鹿会流血，是具有生命的。“雾光里 / 这些挺拔的枝状体明丽而珍重，/ 遁越于危崖、沼泽，与猎人相周旋。”这里的关键词“挺拔的枝状体”，也是形容鹿角的。“明丽、珍重”这两个词不常用，我们经常用到“贵重、亮丽”，“明丽而珍重”这样的用法不仅给人一种视觉的冲击，读起来也更富有力度，说明昌耀是一个非常善于揣摩词语的诗人。“遁越于危崖、沼泽，与猎人相周旋”，说明雄鹿非常敏捷，为了生存，它不惜遁越于危崖、沼泽，与猎人相周旋。结局是悲壮的：雄鹿失败了，它被猎人追上了，被打死了。诗歌的后半部分：“若干个世纪以后，在我的书架，/ 在我新的收藏品之上，才听到 / 来自高原腹地的那一声火枪。——/ 那样的夕阳倾照着那样呼唤的荒野。/从高岩。飞动的鹿角，猝然倒仆……/是悲壮的。”后半部分讲的是发生在当下的故事，这时候“鹿的角枝”已经变成收藏品。“我”凝视着这一对“鹿的角枝”，联想到雄鹿当年在高原腹地与猎人相周旋的场景，结果雄鹿在“一声火枪”后“猝然倒仆”。这里的用词体现了昌耀的诗歌特点：“猝然倒仆”“飞动的鹿角”，类似于文言文的用法。最后一句奠定了整首诗的基调：“是悲壮的。”最后两句标点符号的用法也让人印象深刻，“从高岩”后面是句号，“飞动的鹿角，猝然倒仆”加省略号，紧接着下一句又先加一个省略号，最后再写“是悲壮的”。标点符号的用法也让我们感觉到鹿角一开始是飞动的，雄鹿自由自在地奔跑，而突然间就倒下了，诗歌也就此戛然而止。这样的瞬间给我们的心灵一种震撼，悲壮感油然而生。

另外，这首诗中写了两个不同的“鹿的角枝”意象，一个是动态的“明丽的、挺拔的枝状体”，另一个是放在书架上的收藏品，是静态的，丧失了生机和活力。这两种状态建立关联的转折点就是猎人开枪，打死了鹿。死亡的场景，是怎样让诗人联想到的呢？那就是穿越时空的方式，诗人看到收藏品，然后联想到若干个世纪之前鹿与猎人抗争的场景。这里的写法我们也要注意，在一般的情况下，我们首先会先看到“鹿的角枝”这个收藏品，然后慢慢地去联想，也就是“睹物思源”。但是，这首诗的顺序打破常规，先写活着的鹿是什么样子的，然后再写经过若干个世纪以后，我“才听到来自高原腹地的那一声火枪”。先从遥远的过去写起，这样的对比更为强烈。

“悲壮”可以说是昌耀诗歌的整体风格，也和他的坎坷人生有关系。昌耀出生于湖南，怎么去了青海呢？昌耀在朝鲜战场负伤后回国，先在河北保定治伤，落下残疾，转业后报名至大西北拓荒，后调入青海省文联。他成为专业作家，但他的生活仍然比较贫困，再加上离异，给他的精神造成了一定压力。所以他的诗歌并不乐观、愉快。相反，他的诗歌有一种“高原性质”的沉重。另外，昌耀所选用的意象也是和他的生存经历有关系的，如他写到高原上的鹿被火枪打中，那就是在特定的场合下发生的。刚才提到这首诗的语言不是那种通用的口语，而是一种具有力度的、古典散文风格的语言，这也是昌耀个人的特点。昌耀命运多舛，刚才学生 B 也讲到了，他得了癌症，不愿意以一种没有尊严、在病痛中度过的方式死去，他选择从医院的六楼跳下，以一种“飞翔的姿态”结束了自己的生命。

昌耀的《峨日朵雪峰之侧》这首诗已被选进中学语文教材。《鹿的角枝》也体现出昌耀独特的一种壮美、悲剧美的写作风格。我们还可以去读昌耀的《紫金冠》《风景：涉水者》等诗，感受一下昌耀对意象的使用，他所选取的意象往往都是与生命、死亡相联系的，气势磅礴而浩大，而很少写银鱼这种比较小的意象。从而，我们也能够看出，不同的诗人，由于个人的生存经验、写作风格的不同，所选取的意象也会有较大的差异，而且每个诗人也会建立一些属于自己的核心意象。那么，如何寻找到这首诗中的核心意象呢？我们现在可以讨论一下。（学生 E：首先应该先看一首诗它反复出现了什么词语，然后结合诗人的写作背景，了解作者的创作动机，再分析具体的意象所代表的意思，核心意象就是更能体现他写这首诗所要表达感情的那个意象。）找一首诗的核心意象其实并不难，拿到一首诗，首先看这首诗的题目，很多时候，诗歌的题目就是这首诗的核心意象。就像刚才举那两个例子，“银鱼”既是题目，同时又是《银鱼》这首诗的核心意象。《鹿的角枝》也类似，整首诗就是围绕着题目“鹿的角枝”来书写的，“鹿的角枝”也因此成为这首诗的核心意象。

我们再结合全诗来看，一般而言，诗中的核心意象会重复性地在诗歌中出现，如银鱼，施蛰存先后用了三个不同的隐喻来形容银鱼的姿态，反复地阐释这个核心意象。《鹿的角枝》也有类似的情况。另外一种方法就是像刚才 E 同学说的那样，如果这首诗给了我们作者的信息，那么根据作者的写作风格、生存经验、写作特点，结合诗歌文字信息，我们就能够知道意象有什么样的特点了。

专题四：现代诗的韵律

学生 A：我们之前提到韵律，想到更多的都是古诗的韵律美，如李白的《登金陵凤凰台》："凤凰台上凤凰游，凤去台空江自流。吴宫花草埋幽径，晋代衣冠成古丘。三山半落青天外，二水中分白鹭洲。总为浮云能蔽日，长安不见使人愁。"而说到现代诗歌的韵律美，我们可能最熟悉的是徐志摩的《再别康桥》，如"那河畔的金柳，是夕阳中的新娘，波光里的艳影，在我的心头荡漾"。古诗与现代诗歌虽然都有韵律美，但是二者有所不同，那么现代诗歌与古典诗歌的韵律相比，有什么区别与发展呢？先请同学 B 为我们朗诵朱湘的《雨景》，然后我们再从韵律的角度来赏析这首诗歌。

学生 B：我先给大家来朗读一下《雨景》：

我心爱的雨景也多着呀，
春夜梦回时窗前的淅沥，
急雨点打上蕉叶的声音，
雾一般拂着人脸的雨丝，
从电光中泼下来的雷雨——
但将雨时的天我最爱了。

它虽然是灰色的却透明，
它蕴着一种无声的期待，
并且从云气中，不知哪里，
飘来了一声清脆的鸟啼。

学生A：首先我们大致了解一下诗的创作背景和朱湘的相关信息。《雨景》是朱湘的代表诗作，在20世纪20年代的新诗中占有重要的地位，诗人在语言的锤炼、形式的锻造上，极大地丰富了现代汉语的表现力。然后，我们分析《雨景》这首诗，可以直观地发现，这首诗字句整齐、押韵工整。第一段，它写了四种雨景：春雨的淅沥、雨打芭蕉的情形、柔柔的细雨，以及雷雨。每一种描写方式都是不同的，窗前淅沥的声音、打在蕉叶上的声音，这两种是从听觉的角度来写；"拂着人脸的雨丝"，这个"拂"是触觉上的感受；"泼下来的雷雨"中的"泼"是一个动词，指人们在视觉上的感受。后面一段，都是对下雨时的阴天的描写，作者采用与第一段不同的方法，将阴天的感受实体化：灰色却透明、无声的期待，作者把自己所想表达的感情凝结在"期待"这个词上。这首诗注重韵脚的整齐，字数大体整齐而押韵，这是一种韵律美。

教师：从诗歌意象的跳跃性与诗歌的语言角度，对朱湘的《雨景》这首诗的理解还是非常到位的，尤其是对于不同的雨景和作者的心态做对比分析，比较符合这首诗的原意，以及诗人的写作风格。不过，重点还是要从诗歌的节奏和韵律方面来分析这首诗，后面讲一首当代诗歌——西渡的《悟雨》。从现代诗歌到当代诗歌，人们对诗歌的节奏和韵律的理解也发生了非常大的变化。下面讲述节奏和韵律的定义，古诗和现代诗之间节奏和韵律的差异。

随着人们对诗歌语言认识的加深，并不是所有的诗人都认可诗歌一定要有节奏和韵律的。现在网络上很多诗人的诗歌，如果用眼睛仅从文字角度看它所使用的意象与辞藻，能够认可它是一首好诗。但是如果读出来，就缺少了味道。这说明通过肉眼“看”的诗、用嘴巴“读”的诗以及用耳朵“听”的诗在节奏和韵律上大不相同。如今已经进入互联网的视觉时代，很多时候只是用眼睛去看诗歌文字，却忽视了古典诗歌最重要的一个特点——节奏和韵律，听觉方面的效果。为什么节奏和韵律这么重要？因为节奏是和生命、大自然的生理节奏密切相关的。我们每天都会呼吸、有心跳，在走路和跑步，以及静止时，呼吸和心跳频率都不相同。这种生理节奏影响了人们的心理认知，不同性格的人，心理节奏也有所差别。比如说我在看书时，会选择摇滚音乐、金属音乐，音乐能够让我的心变得镇静，从而有效提高读书效率。有些人则认为金属音乐、摇滚音乐吵闹，希望听一些抒情的、柔缓的歌曲来帮助他学习，那就说明每个人的音乐节奏感不同。

诗歌的节奏和音乐的节奏有很多相似性，每个诗人对世界、对语言的理解不同，所以他在诗歌中营造的节奏和作曲家类似，比较主观。但音乐和诗歌完全不同，现在有些抖音歌曲非常好听，节奏很明快，符合我们的审美。如果舍去歌曲的旋律和音调，单看歌词，很平淡，没有亮点。但是它的音调符合大众审美，如《学猫叫》、《热爱105℃的你》、“吃鸡”游戏的电音配乐，这些歌词都没有深刻含义，说明歌曲的韵律性和它的意义感并非有效搭配。诗歌除了外在的旋律之外，还有内在的旋律，即语言。语言是要表达一定的意义的，因此，我们说诗歌是音乐节奏和语言节奏的结合体。

节奏可以说是我们内心情感与生理节奏的一种组合性的表达。再来看韵律，韵律是一种外在的形式，它是诗歌格律的表现。声音是怎么来的？诗歌中的声音，也有一定的规律，唐诗宋词之所以流传至今仍让人印象深刻，就是因为格律的存在。而现代诗为何不易背诵呢？因为有的诗歌不讲究格律，不符合我们传统的审美与对诗歌的认知。

韵律，可以说是节奏的外在化。一首诗押韵，节奏感强，我们就感到这首诗出现了和谐的声音，而不是杂乱无章的噪声。没有规律、刺耳的声音，会让我们感到不舒服。读一首诗，尤其是古诗，因为它的韵律性特别强，我们的心情也会跟着好起来。这就是韵律、节奏给诗歌带来的魅力。没有节奏、没有韵律的诗歌，的确不容易背诵。

在古诗中，节奏与韵律的使用特点有我们所熟知的"押韵"。比如，平仄的使用，"顿"的组合，"顿"即由几个字组成的一个声音单元。读古典诗歌，如一句话有五个字，将其分成几个音节，每个音节是由若干个字来组成的。例如，"凤凰台上凤凰游，凤去台空江自流"，句中每两个字就组成一个顿。而且我们再仔细读一下，诗句中后一个字的发音，一般来说都比前一个字的音调要稍微高一些。"顿"的出现与组合，就构成了这首诗声音的抑扬起伏。一个轻音加一个重音，有了节奏，我们就感觉这首诗音乐性很强。唐诗，尤其是绝句、律诗，无论是五言，还是七言，每一行的字数都是相等的，给人的感觉非常整齐。"顿"的组合也因为这种整齐，而变得非常规整。关于押韵，古诗的押韵讲究章法，不能随意使用韵。古人从一开始学写诗，就学韵的押法，平仄的构成规律，只要掌握了这些，创作时就能信手拈来。但是，古代诗歌的发音特点，与现代汉语不大一样。在古代汉语中，有的诗歌可以唱出来、谱成曲；在现代汉语中，可能就实现不了，这是古今汉语的发音差别所导致的。可以说古诗，离开了节奏和韵律，就不能称其为诗了。

以几个具体例子为依据，来看顿的划分。《诗经》每一行基本是由四个字组成的，它的“顿”相对来说就比较整齐。比如，“呦呦/鹿鸣，食野/之苹，我有/嘉宾，鼓瑟/吹笙”，一句话划分为两顿，中间停一下。五言诗因为是单数，每一句由五个字组成，就可以把这一句诗划为两顿半或者是三顿，如汉乐府《西洲曲》：“采莲/南塘/秋，莲花/过/人头，低头/弄/莲子，莲子/清/如水。”这种节奏也是非常规整的，与五言诗可以互相对照，七言诗也可以分为三顿半或者四顿。“年年岁岁花相似，岁岁年年人不同”，这两句话是出自唐代诗人刘希夷的《代悲白头翁》。“年年/岁岁/花相似，岁岁/年年/人不同”，这里面不仅是声音的对照，在意义方面也是相对照的，“年年”和“岁岁”相对照，“花”和“人”相对照，“相似”与“不同”相对照。不仅韵律整齐，在意义方面、语言的视觉效果上，也是和谐的。因此，为什么很多古典诗歌中的名句，能够令人印象深刻呢？因为古诗的可背诵性、音乐感，与顿、节奏以及押韵有关系，非常整齐，并且有规律可循。探究一下，现代诗的语境、语言与古代诗歌相比发生了比较大的变化，而从节奏和韵律来说，现代诗和古代诗歌相比，又有哪些不同？

古典诗歌，固然有自己的一些优势，音乐感非常强，容易背诵、被模仿，但也正因为它特别固定，所以它的个性感、诗人的感情并没有得到自由发挥。新诗的节奏和韵律，就是要弥补旧诗的一些缺陷。旧诗过于规整，它的句法、章法、音律均有所限制，而新诗，就是要打破这种限制，要凸显出语言的节奏。语言的节奏与音和义相关联，而且它所使用的语言，符合现代人的审美习惯。李金发的诗歌，为什么在20世纪20年代来看并不是特别成功？因为他使用的节奏虽然是新诗的节奏，但所凸显的还是古典诗歌的语言特点，让人感到不伦不类。中西杂糅得非常生硬，因此招来了很多非议。朱湘是一个中西合璧、融会贯通的诗人，他在诗歌中体现出来的节奏和韵律感就比较和谐。

因为新诗相对来说比较自由，没有古典诗歌那么多的限制，所以它的节奏首先体现在分行。每一行其实都是一个完整的单元，它的标点符号也是值得诗者去注意的。古典诗歌其实没有标点符号，我们现在学的唐诗宋词里面的标点符号都是现代人加上去的，它只是跟着音乐的感觉走。但是现代诗有了标点符号，使用的逗号、句号、省略号等这些标点，其实就象征着一首诗的节奏。另外，为了强调节奏的错落性，分行的效能感，每行的长度其实是有讲究的。我们看，为什么有的诗行长，有的诗行短？为什么有的诗看起来比较整齐，有的诗看起来就感觉行的长短没有什么规律？这就与诗人对节奏的认识有关系。有些诗人就是要追求整齐感，追求“建筑美”。

我们再看每一行的字数。古典诗歌一行可能有五个字，或者是四个字、七个字，相对来说是有规律的。但新诗的字数没有限制，每一行的字数可能不一样。但也有一些特别讲究字数、行数的诗人，如林庚，他的“九行诗”中的字数非常规整。但是，如果现代诗歌每行的字数无限制地加长，一行好几百字，那就成了散文，就缺少了诗的规律性。

总之，现代诗歌的节奏从哪里来？分行、字数、标点符号，这些都构成了新诗中的韵律和节奏。我们现在就从韵律与节奏的角度去解读朱湘的《雨景》。朱湘其实是一个中西合璧的诗人，对中西文学都有非常清楚的了解，但是他本质上是一个中国诗人，对中国古典诗歌资源的应用是非常得心应手的。首先来看第一句，“我心爱的雨景也多着呀”，还有第六句，“但将雨时的天我最爱了”，一个“呀”一个“了”，我们想想它们属于什么类型的词语？语气助词或者虚词，没有什么实质性的意义。但是，如果将“呀”换成别的词，比如“我心爱的雨景也多着呢”“我心爱的雨景也多着啊”，你就发现语气不一样了，并且诗歌的音调也有非常大的差异。“呀”是轻声，让人感觉轻柔低缓，它和“春夜的雨”给人的感觉是一样的：淅淅沥沥，非常温和，“雾一般拂着人脸”。“但将雨时的天我最爱了”中“了”这个语气助词给人的感觉也是比较轻柔、低缓。

这首诗所使用的韵脚也给人以轻柔的感觉。“淅沥”“声音”“雨丝”“雷雨”“透明”“期待”“哪里”“鸟啼”，整体押 i 这个韵。大家要注意到这个细节问题，i 给人的感觉是什么？它是一个闭合音，让这首诗有着比较轻、低的声音氛围，而不是那种大开大合的声音，比如 ang、a 等开合韵就非常洪亮。诸如“我是一只天狗呀！”那种洪亮的声音感，在朱湘这首诗里是没有的。

再看诗中关于破折号和逗号的使用。破折号表示转折或者承接。在《雨景》这首诗里表示转折，前面都是在写春夜下雨的状况，急雨点、雨丝、雷雨的场景，突然出现了破折号，表明诗的意义发生了转折“——但将雨时的天我最爱了”。前面都是写的“下雨”，而破折号之后开始写“将要下雨”的感觉。后面还有一个逗号的使用，也值得注意：“并且从云气中，不知哪里，飘来了一声清脆的鸟啼。”如果将这个逗号删除，这首诗的整体意义似乎没有太大的改变，而朗读时若没有逗号，你可能就感觉透不过气来。因为逗号在这里表示停顿，让人感觉诗歌节奏因为有逗号的存在而变得有规律感，且与整首诗的氛围是相契合的。所以，现代诗人并不是随便去使用韵脚、标点的，它是与整首诗的氛围、意义相吻合的。

我们再看一下朱湘的生平。朱湘的一生可以说是穷困潦倒、波澜起伏的，他少年得志，非常有才华，被称为“清华四子”之一。他在清华一开始备受瞩目，被视为“新月派”代表诗人之一，追求诗歌的格律。朱湘不仅有才华，也非常有个性，他曾说：“人生是变换的，而清华只有单调。”这句话好像特别的“凡尔赛”，即便是在民国时期，考上清华也不容易，由于朱湘个性使然，看不上清华，最终被清华开除，令人惋惜。之后，他又通过自己的努力，赴美留学。然而，他在美国先后读了两所大学，却都主动退学，没有拿到文凭。回国之后，他为了养家，到国立安徽大学（安徽师范大学）去当老师，但因与校方不和，没过多长时间又辞职了。没有收入，他的物质生活走到了穷途末路，最终选择投河自尽。在他 29 年短暂的一生中，他创造了非常多优美的诗歌，包括刚才讲到的《雨景》。

朱湘的诗歌和他个人命运的反差是非常明显的。以乐府诗《西洲曲》为例：“采莲南塘秋，莲花过人头，低头弄莲子，莲子清如水。”朱湘的《采莲曲》是把《西洲曲》改成了现代诗歌的书写方式，增强了诗中的韵律感：“小船呀轻飘，杨柳呀风里颠摇，荷叶呀翠盖，荷花呀人样娇娆，日落，微波，金线闪动过小河，左行，右撑，莲舟上扬起歌声。”这里面的换韵、每一行的字数的组合，都有视觉与听觉的效果，读了这首诗，就能非常快地联想到荷花盛开的小河里，有一艘小船摇曳着。而且诗句也有节奏感，并不是每一句、每一行都是同样的韵、同样的字数。

当代诗人西渡是怎样去写“雨景”的？请看西渡的《悟雨》：

我去拜访墓地
星期天飘着微雨
杜鹃的啼声
湿润过青葱的梦

教堂的檐溜
淋透梧桐的密叶
一个人曾经歌唱
现在他一声不响——

疲倦的雨燕
疾掠过塔尖
没有人能够懂得
此时烟雨的江南
父亲摇篮般的斗笠
正在玉米地里浮动

这首诗也是写下雨的，但和朱湘的《雨景》风格不同。朱湘的《雨景》是单纯地描写下雨的景象，而西渡的《悟雨》中诗人的主体性更强一些。悟雨，即对雨的思考，带有诗人主观的抒情。“我去拜访墓地/星期天飘着微雨/杜鹃的啼声/湿润过青葱的梦”，这里面好像换了一个韵，“墓地”和“微雨”，这两个词的押韵是一样的；“杜鹃的啼声/湿润过青葱的梦”，这里押韵就变了，从前面的i押变成eng。接着又变韵了：“教堂的檐溜/淋透梧桐的密叶”，然后又变韵：“一个人曾经歌唱/现在他一声不响”，从i变成了ang。后面承接“疲倦的雨燕/疾掠过塔尖/没有人能够懂得/此时烟雨的江南”，“雨燕”“塔尖”“江南”都押an韵，给人的感觉相对来说是比较洪亮的音。然后又换了韵：“父亲摇篮般的斗笠/正在玉米地里浮动。”正因为换韵的缘故，“墓地”“微雨”“啼声”“青葱的梦”“檐溜”“密叶”“歌唱”“一声不响”“雨燕”“塔尖”“懂得”“江南”“斗笠”“浮动”这些词给人带来了不同的节奏感，音律的交错出现在同一首诗中，就富有层次感。

首先，西渡写自己在一个飘着微雨的星期天去“拜访墓地”。“墓地”这个地点给人的感觉就非常阴森，并且还下着雨，前两句诗营造的氛围是低沉的，甚至有些恐怖。但是，在恐怖、低沉、压抑的氛围中，西渡设置的另外一些意象，却又让人感觉到一丝优美感，如“杜鹃”“青葱的梦”“树叶”“雨燕”等，这些词语给人一种清新的、优美的氛围。因此，西渡试图用这些美好的词语，去化解一开始“拜访墓地”的阴郁和低沉。再看最后这几句诗，“没有人能够懂得/此时烟雨的江南/父亲摇篮般的斗笠/正在玉米地里浮动”，诗人在下雨天去拜访墓地的过程中，他联想到了什么？他想到的并不是沉重的死亡，而是想到了“烟雨的江南”，想到了他的父亲在玉米地里干活的场景。西渡是浙江金华人，从小生活在江南烟雨的环境中。1985年，西渡考入北大中文系，他现在是清华大学的教授。西渡作为一个活跃于当下的诗人，他对诗歌韵律的理解是怎样的？他认为诗歌中的声音非常重要，独特的声音是一个诗人个性的内核，诗人用什么样的声音，也就相当于他有什么样的个性。

西渡的个人气质非常优雅，他的诗歌中所营造的江南氛围，是他日常生活体验的折射。《悟雨》一诗，他巧妙地将诗歌中的声音，与所要表达的意义结合在一起。虽然诗中写到了墓地、教堂等阴郁的意象，但重点描述的是身在江南的父亲，让我们感受亲情所在。这首诗歌中有两种声音，也可以说是两种色彩、两种音调：一种轻快的、平和的音调；一种非常阴冷的色调。虽然墓地给人一种非常阴暗的视觉效果，但却因为诗中描绘的下雨天这种清新的感觉，消除了我们对墓地、对死亡的心理阴影。死和生之间的距离，其实并不遥远。西渡的

《悟雨》也有关于死和生的对比。我们刚出生的时候都在摇篮里，而墓地就相当于一个人生命的终结，这首诗先写墓地、写人的死亡，然后再回忆他在江南的父亲，回忆他父亲“摇篮般的斗笠”，又把我们的视线拉回到人生的起点，死和生之间的距离就因此显现出来了。我们平时阅读现代诗歌，除了体会外在的押韵之外，也要注意诗歌中内在的音调，即内在律。内在和外在相配合，才能够体现出这首诗独特的个性。像西渡这样的当代诗人，对于声音的认识达到了比较高的节点，朱湘只注重外在的声音，西渡已经开始注意外在和内在声音的结合了，这其实也是现代诗歌的进步。

思考一个问题：我们刚才讲的那两首诗都是押韵的，都是有节奏、韵律的，但是每个人对诗歌的想法不一样，你认为现代诗需要强调格律吗？（学生 D：我认为现代诗也需要格律，它需要的并不是传统文化意义上的格律和押韵，而是通过内部的一些规律来组成韵律。就是和古体诗不同的格律。）这种说法应该是代表着大多数当代诗人的一种看法，如在节奏、押韵方面，突出个人风格。也有一小部分当代诗人认为受到格律的束缚，因此所写诗歌偏口语化。平常我们说话一般不带押韵，是自然的一种音节，所以口语诗和有格律的现代诗歌相比，感觉不一样。现代诗歌追求一种典雅的风格，或者是一种崇高的美感，它和现代诗的格律是分不开的，这是我个人的一种理解。因此，分析诗歌的时候要重视一些平常容易忽略的细节的成分，如押韵、分行、语气助词、虚词以及标点符号，都可以被纳入新诗细读的范畴中去。

专题五：现代诗的抒情风格

学生 A：我们学习戴望舒的《我用残损的手掌》，首先我们了解一下作者戴望舒，他是现代派象征主义诗人，常被称为“雨巷诗人”，其原因是他的诗作《雨巷》非常有名，这是大家都知道的。戴望舒的诗歌中既蕴含着忧郁情思，又蕴含有古典意味的生命感受。戴望舒的创作主要分为三个阶段：第一个时期是起步阶段，将中国诗风与西方诗风相结合，代表作有诗集《我的记忆》。第二个时期，戴望舒的诗歌艺术进入成熟时期，代表作有诗集《望舒草》。第三个时期是表现民族气节和抒发对灾难深重的祖国的诚挚的爱，代表作有《狱中题壁》和《我用残损的手掌》，这两首诗都被收入《灾难的岁月》。《我用残损的手掌》是戴望舒在抗战时期写的。1942 年，诗人在香港参加了抗日救亡运动，被日本人投入监狱受尽严刑拷打。在狱中，戴望舒每每想到祖国的河山，未尝不是像自己受尽严刑拷打的身躯一样。作者怀着对日本侵略者的痛恨愤慨、对祖国人民的同情爱怜，写下了这首如泣如诉的诗篇。下面请同学 B 为我们朗诵一下这首诗：

我用残损的手掌
摸索这广大的土地：

这一角已变成灰烬，
那一角只是血和泥；
这一片湖该是我的家乡，
（春天，堤上繁花如锦幛，
嫩柳枝折断有奇异的芬芳）
我触到荇藻和水的微凉；
这长白山的雪峰冷到彻骨，
这黄河的水夹泥沙在指间滑出；
江南的水田，你当年新生的禾草
是那么细，那么软……现在只有蓬蒿；
岭南的荔枝花寂寞地憔悴，
尽那边，我蘸着南海没有渔船的苦水……
无形的手掌掠过无限的江山，
手指沾了血和灰，手掌沾了阴暗，
只有那辽远的一角依然完整，
温暖，明朗，坚固而蓬勃生春。
在那上面，我用残损的手掌轻抚，
像恋人的柔发，婴孩手中乳。
我把全部的力量运在手掌
贴在上面，寄与爱和一切希望，
因为只有那里是太阳，是春，
将驱逐阴暗，带来苏生，
因为只有那里我们不像牲口一样活，
蝼蚁一样死……那里，永恒的中国！

学生A：谢谢，请坐。诗歌第一句就写“我用残损的手掌”，这个“残损”，可以视为作者在监狱中遭受严刑拷打后受伤的手掌，也可以理解为山河破碎的祖国。然后再看：“这一角已变成灰烬，那一角只是血和泥。”“血”“泥”“灰烬”都是不太美好的事物，同时，这也能让人联想起祖国的山河破碎。下一句“这一片湖该是我的家乡”到“我蘸着南海没有渔船的苦水”，都是运用景物描写和细节描写来渲染作者对祖国大地的热爱之情。“春天，堤上繁花”“嫩柳枝”“荇藻和水的微凉”，这些美好的事物却沦为日本侵略者铁蹄下被践踏的荒芜，令人如何不徒增悲伤。“长白山的雪峰冷到彻骨”“黄河的水”，还有“江南的水田”“新生的禾草”“现在只有蓬蒿；岭南的荔枝花寂寞地憔悴，尽那边，南海边没有渔船的苦水”，这里可以理解为作者寓情于景，烘托作者的深切哀痛之情。“手指沾了血和灰，手掌沾了阴暗。”这里的“血和灰”“阴暗”也可以和前文的“灰烬”“血”和“泥”进行对比。“只有那辽远的一角依旧完整，温暖，明朗，坚固而蓬勃生春。”这里可以理解为作者对祖国的希望。“像恋人的柔发，婴孩手中乳”，这里运用比喻，体现了作者对祖国的复杂情感和依恋精神。然后“我把全部的力量运在手掌贴在上面，寄与爱和一切希望，因为只有那里是太阳，是春，将驱逐阴暗，带来苏生，因为只有那里我们不像牲口一样活，蝼蚁一样死……那里，永恒的中国！”这里运用直接抒情，感情喷发地表现出了作者对祖国的爱和希望。

在艺术手法上，这首诗并不回避直接抒发感情和对事物进行直接评价的陈述方法，但思想感情的表达主要是通过形象的构成来实现。比如“堤上繁花、嫩柳枝”“水的微凉”“长白山的雪峰”“黄河的水夹泥沙”等，诗人在狱中想象祖国广阔河山，好像这些景色就在眼前，不仅可以真切地看到它的形状、颜色，而且可以感受到它的冷暖，感受到它的芬芳，让人有身临其境之感。诗人在虚拟性的总体形象之中，又对现实事物做了直观式的细节描绘，描写诗人对祖国的眷恋和热爱之情，以及对祖国所遭受的沉重灾难所产生的哀痛，让读者与诗人产生情感共鸣，引发读者的思考。

学生 C：接下来，由我为大家讲解北岛的诗歌《界限》。首先让我们走近作者，北岛本名赵振开，出生于北京，是朦胧诗的代表诗人之一，也是民间诗歌刊物《今天》的创办者之一。早期的北岛诗作常呈现出一种“对抗”，诗人相信自己的追求正确，不愿妥协。这一时期北岛的抒情方式主要是“冷抒情”，体现在作者出奇的冷静和他深刻的思辨性上。《界限》的原诗如下：

我要到对岸去

河水涂改着天空的颜色
也涂改着我
我在流动
我的影子站在岸边
像一棵被雷电烧焦的树

我要到对岸去
对岸的树丛中
掠过一只孤独的野鸽
向我飞来

这首诗采用融情于物的方式来描写具体的事物，抒发自己的感情。首句“我要到对岸去”，起笔抒发自己想要挣脱命运的态度。但是“河水涂改着天空的颜色 / 也涂改着我”，河水映射出天空，从而改变了天空的颜色，也改变了“我”。即使“我”到了对岸，是不是也会变得面目全非呢？

诗歌的题目是“界限”，但“界限”在哪里，诗中并没有明确指出，只在字里行间暗示着“界限”是河流，是区域的阻隔。“我”在此岸徘徊，“我”在此岸挪动，“我”在此岸等待，但“我”不愿意离去，“我”的影子像一棵“被雷电烧焦的树”。后面又是一句“我要到对岸去”的呐喊，发自肺腑地再次声明，对岸有“我”魂牵萦绕的一切，有“我”灵魂的归处。而更加重要的是，“对岸的树丛中 / 掠过一只孤独的野鸽 / 向我飞来”。关于“孤独的野鸽向我飞来”这一句，既像是彼岸发出的邀请，也像是诗人本身情感的外化，它预示着跨越“界限”的方式，也预示着诗人不可避免地被污染。整首诗通读下来，带给我们的并不是一幅静态的图画，而是一部流动的短片，它并不是直线地宣泄下来，而是一种逆境式的移情。树被烧焦、野鸽惊起并不是诗人在写照现实，有可能是在想象，这些想象并不是随意臆造的，而是经过诗人的一种情感的选择，符合诗人情感抒发的需要，艺术逻辑实际染上了诗人情感的色彩。这里我们总结一下关于现代诗的抒情方式，第一种是直接抒情，也叫直抒胸臆，是直接对有关人物和事件表达爱憎态度的抒情方式。《我用残损的手掌》，就是采用了一种直观式的细节描述来表达感情。第二种是间接抒情，在处理情感时，一般是言在此，而意在彼。比如，《界限》则采取了蒙太奇的方式，给人一种朦胧的感觉。

教师：现代诗歌的抒情方式，有直抒胸臆，有融情于景、融情于物等间接抒情。而这种直接和间接的抒情方式，其产生的影响因素有哪些呢？原因有些复杂，为什么同一个时代、不同的诗人，写出的诗歌给人感觉不一样？同样都是生活在20世纪30年代的诗人，穆木天的作品就是新诗大众化的一种风格，而戴望舒又走了另外一条路，提倡现代的诗风。可以说，每个诗人的抒情方式都有非常大的不同，而且诗人的个性、诗人的人生经历，也会影响到诗歌的发展。比如，徐志摩经常被定位为“绅士诗人”，因家境优越，而且又受过高等教育，受到西方诗学风格的影响，所以徐志摩和没有接受高等教育、没有出过国的诗人相比，对诗歌的观念、采用的抒情方式肯定会不一样。此外，诗人的个性和诗歌风格也不一定完全一致。我们上节课讲到诗人朱湘，从性格来说，他是一个狂放的、不受世俗约束的诗人，但是他的诗作中所采用的抒情方式却非常规整，你很难感受到他是一个狂野、孤傲的诗人，这就说明诗歌抒情方式的影响因素是很多的。

影响诗歌抒情方式的外因，我们可以把它归结为时代因素，比如抗战初期，诗人们往往都在大喊口号，“我们要冲锋”“我们要杀敌人”等，诗中使用很多感叹号，充满着激昂的情绪。当抗战进入相持阶段之后时，诗人们逐渐意识到抗战是一个持久战，于是就把自己的高昂情绪冷却下来，开始思考更深层次的问题，如人类和时代之间的关系，战争对人类究竟有怎样的影响。社会环境、社会的发展给诗人的影响是很大的，将一首现代诗和一首当代诗掺杂着讲，学生或许也能够感受到现代诗人所思考的内容，他们的抒情方式，和当下的诗人又有很大的不同。很多当代诗歌不如现代诗歌容易理解，如北岛的《界限》，要用细读的方式进行分析，才能感知什么叫“界限”，诗人要表达怎样的情感，我们很难从第一印象中解读出来。但是，戴望舒的诗歌所表达的情感，“我用残损的手掌 / 摸索这广大的土地”，就很容易知道这是一首表达爱国情感的诗歌，诗中的情感抒发得非常直接。因此，时代不同，诗人所采用的抒情方式就不同。

影响诗歌抒情风格的内在因素就多了，因为诗人的主观性很强，有人倾向于内敛式的抒情，有人倾向于外在式的抒情，这些情况都是很自由的塑造方式。随着现代诗的发展，诗歌自身也会发生很大的变化。比如，当下的很多诗人，认为现代诗歌所用的抒情方式过时了，他们希望创新形式发展属于自己的抒情方式。你就会发现，21 世纪以来的诗人所写的作品，我们可能第一时间都不知道他要表达的意思。这其实是诗歌发展中的一种正常现象，有时候诗人不一定使用单纯的抒情风格，而是融入了很多叙事的元素，后面讨论叙事和抒情之间的关系。

有些诗歌非常张扬，如郭沫若的《天狗》便非常热烈，而且非常张扬，很狂妄大胆地呈现出了自己的风格。“我是一条天狗呀！我把月来吞了，我把日来吞了，我把一切的星球来吞了，我把全宇宙来吞了，我便是我了！”一些比较内敛的诗人，他不会像郭沫若一样大胆地来抒发自己的情感。举一个例子，北岛的外号叫“老木头”，性格内敛，他的诗作如同他的个性，“冷抒情”，他不动声色地来表现出个人的思考。北岛早期的一些诗歌《回答》是个例外：“卑鄙是卑鄙者的通行证，高尚是高尚者的墓志铭。”这首诗看似挺慷慨激昂的，但他很快就走出了这种抒情模式，如《界限》《宣告》，“冷抒情”的风格还是非常明显的，内敛的节奏、整体塑造的氛围和意象，都让我们感受到北岛并不是一个外放型诗人。现在外放型的诗人越来越少了，外放性的诗歌比较热烈，更适合朗诵，如《祖国啊，我亲爱的祖国》《天狗》等，这样的诗歌容易调动听众的情绪。北岛的很多诗作，就不大适合朗诵会，这里面涉及读者接受和朗诵者之间的关系。朗诵诗运动是从20世纪30年代之后逐渐发展起来的，以抗战为契机，需要通过宣传、诗歌朗诵让群众感受到诗歌的热情、抗日的激情。一般适合朗诵的诗歌，应该是直抒胸臆、富有热烈情感的作品，那种非常含蓄的、委婉的诗歌，其实并不适合朗读。举一个例子，在延安的时候，有很多诗歌朗诵会，有一次朗诵者就选择了一些不适合朗诵的作品，台下坐的都是农民、工人，他们听不懂诗歌的意思。虽然朗诵者很投入，但是下面的听众却一个接一个地从后门走了。这说明要选择适合朗诵的诗歌，选择大家能够听得懂、能够接受的抒情方式。

抗战对于戴望舒的诗歌创作是一个转折的节点。抗战全面爆发之前，曾经有过对“国防诗歌”这个概念的争论，当时诗坛很多人在1936年、1937年时都倾向于创作“国防诗歌”，为保卫祖国、抗击外来侵略者而呼吁。但戴望舒认为当下诗坛所盛行的那种整天喊“冲啊、杀呀”的诗歌，不算是真正的艺术。戴望舒质疑“国防诗歌”这个概念，可以说在这个时期，他还是秉承着“纯诗”的理念。戴望舒的理论遭到了很多人的反对，全面抗战后，戴望舒真实地感受到了国家危急的局势，国土沦陷的惨痛事实，写作风格发生了重大转变。从前期那种“纯诗”化的书写、淡淡忧愁的抒情风格，转变成《我用残损的手掌》这样一种深沉、不乏爱国之情的风格，表现出他对灾难深重的祖国的爱。戴望舒创作分为起步期、成熟期、深化期。战争对诗人、对诗歌的影响是非常大的，在戴望舒的身上也能够清晰地体现这一点。

从今天的语境看来，很多诗歌朗诵会都喜欢读《我用残损的手掌》这首诗，因为它抒情的方式具有典型性。诗作前后的抒情方式，有比较明显的变化。我们来看前半部分，“我用残损的手掌/摸索这广大的土地”，“残损的手掌”，这是一个残缺的意象，但是他却用这

“残损的手掌”来“摸索这广大的土地”。中国的领土面积非常大，小小的一只手，怎么去摸索这广大的土地呢？这显然是一种超现实的想象。在想象的语境之下，摸到的土地是什么样子的呢？“这一角已变成灰烬，/ 那一角只是血和泥；/ 这一片湖该是我的家乡”，然后又写到祖国河山的具体景象：从长城、长白山到黄河，从江南到岭南，这些国土都在全面抗战初期相继沦陷。我们学习过中国近现代史的人都知道，九一八事变之后，东北沦陷；1935 年之后，华北地区又逐渐沦陷；卢沟桥事变之后，上海、浙江一直到南海，这些领土都相继沦陷。在这样危急的情况之下，诗人只能用非常沉痛的语调去写诗，他用“残损的手掌”摸到的地方全都沦陷了。之前这些地方的风景是什么样子的呢？江南的水田“当年新生的禾草 / 是那么细，那么软……现在只有蓬蒿”，“尽那边，我蘸着南海没有渔船的苦水”，这样的大好河山，这么美丽的景色，现在却都是残缺的，充满荒凉，祖国的现实场景和“残损的手掌”形成了一种鲜明的应和。“无形的手掌掠过无限的江山，/ 手指沾了血和灰，手掌沾了阴暗。”到这里我们能感受到诗人心情的沉痛已经达到了顶点，但是下面诗风有了变化：“只有那辽远的一角依然完整”，“那辽远的一角”这个意象标志着抒情的风格发生了转变：“温暖，明朗，坚固而蓬勃生春。/ 在那上面，我用残损的手掌轻抚，/ 像恋人的柔发，婴孩手中乳。”诗歌前半部分对中国土地的描写用的都是残缺的、阴暗的意象，而在“辽远的一角”那里，我的“手掌”感受到了温暖，感受到了力量，诗作最后两句是情感的升华：“因为只有那里我们不像牲口一样活，/ 蝼蚁一样死……那里，永恒的中国！”整首诗的情感先抑后扬，这样的抒情方式非常适合朗诵。还要注意诗中另一种抒情的风格，“只有那辽远的一角依然完整”前面的抒情，诗人用了一种铺开式的风格，他用“残损的手掌”摸遍广大的土地，给人视觉的体验是铺展的、大开大合的，而在“只有那辽远的一角依然完整”之后，诗人的力量就集中在一个点上：“我把全部的力量运在手掌/贴在上面，寄与爱和一切希望”，把所有力量都贴在一个点上，给人的视觉体验是收敛的。从前面的开放到后面的收敛，从前面的低沉到后面的乐观、昂扬，抒情风格的变化是非常明显的。

我们再看北岛的诗歌，时代因素影响着诗人的抒情方式、诗人的个性。北岛可以非常高亢地喊出“我不相信”，但他也可以进行冷峻的思考：“在没有英雄的年代，我只想做一个人。”无论是高亢的声调，还是冷峻的思考，都呈现出北岛这一代人对历史的担当，对时代的责任感。《界限》这首诗也能够非常清晰地呈现出北岛对人生界限、时代界限、社会界限的认识。这首诗一共分为三节，第一句话就体现出了诗人的意图：“我要到对岸去”，“对岸”和“此岸”之间的界限的确是无处不在的。“河水涂改着天空的颜色/也涂改着我/我在流动/我的影子站在岸边/像一棵被雷电烧焦的树。”“涂改”这个动词连续用了两次，河水不仅“涂改”了天空的颜色，也“涂改”了“我”的存在，说明“我”的存在已经不完整了，被别人涂改、被时代涂改。“我”也在变形，“我”的影子站在岸边，像一棵“被雷电烧焦的树”，我们之前学过《半棵树》《悬崖边的树》。“树”被雷电烧焦，意味着什么？残缺不全。“我”的存在被涂改了、被变形了，“我”不再是之前的“我”了，“我”的存在是悲剧性的，即便是这样，“我”仍然没有放弃对对岸的追求。所以诗人在第三节又说道：“我要到对岸去/对岸的树丛中/掠过一只孤独的野鸽/向我飞来”，“野鸽”是孤独的，但它却是自由的，它可以从对岸向“我”飞来，鸟儿有翅膀可以飞过来，但人却没有翅膀飞不过去，这不是悲哀的存在吗？人世间的界限可以说是无处不在，如果我们想要突破这些界限，就要经过痛苦的选择，并且我们的意愿往往都是受阻的。北岛使用了一种“冷抒情”，表现出了人活在世界上的悲剧性。

专题六：现代诗的结构与层次

学生A：首先由我来朗诵一下穆旦的《春》：

绿色的火焰在草上摇曳，
他渴求着拥抱你，花朵。
反抗着土地，花朵伸出来，
当暖风吹来烦恼，或者欢乐。
如果你是醒了，推开窗子，
看这满园的欲望多么美丽。

蓝天下，为永远的谜蛊惑着的
是我们二十岁的紧闭的肉体，
一如那泥土做成的鸟的歌，
你们被点燃，卷曲又卷曲，却无处归依。
呵，光，影，声，色，都已经赤裸，
痛苦着，等待伸入新的组合。

通过朗读，我希望大家对这首诗有一个整体的感知，那么接下来，我们在讲解这首诗歌之前，先了解一下现代诗歌的一个重要特点，即强调诗歌内在的张力和戏剧性，它往往将一系列充满对抗冲突的词语和意象组织在一起，形成错综复杂而又强烈的抒情形式。接下来请同学B来介绍诗人穆旦。

学生B：穆旦原名查良铮，曾用笔名梁真，祖籍浙江省海宁市，出生于天津。他是现代主义诗人、翻译家，于20世纪40年代出版了《探险队》《穆旦诗集》，他的诗歌特点是将现代主义和中国传统诗歌结合起来，诗风富于象征意义和心灵思辨，是九叶诗派的代表性诗人之一。20世纪80年代之后，许多现代文学专家推其为“现代诗歌第一人”。主要译作有俄国普希金的作品《青铜骑士》《普希金抒情诗选》；英国雪莱的《云雀》《雪莱抒情诗选》；英国拜伦的《唐璜》《拜伦抒情诗选》《拜伦诗选》。

学生A：穆旦于24岁创作这首诗，那时正是抗日战争的相持阶段，民族、生命、道德都在遭受侵略者铁蹄的蹂躏。这个时期以青春为主题的诗歌也留下了时代的烙印，充满了进步感、矛盾感、反抗感，以及对结束战争、迎接新生活的等待和渴望。

这首诗第一节展示了一个春意的图景，根据现代诗的结构和层次，将其分为两层。第一层即这首诗的第一节，描写青春少年对美的向往，前两句铺排的就是春天的热烈和奢华。花朵在春风、春雨的呼唤中如期开放了，如同“满园的欲望”，在窗外肆意地绽放。第二节和第一节有一个不同的转变，它减少了对春的直接描写，反而着重描写青春的另一种状态。比如，诗中谈到的这些意象，都是对青春呈现出来的另一种状态。

诗的题目是“春”，那么“春”在诗中如何体现呢？第一，“绿色的火焰在草上摇曳”，它象征着青春来临，生命随之觉醒。第二，

"反抗着土地"，象征着渴望摆脱禁锢。第三，"满园的欲望"象征着青春的欲望犹如花朵一般，美丽而充满生机。第四，意象，"永远的谜"象征着对生命的困惑。"二十岁的紧闭的肉体"象征着青春犹如渴望开放的花朵，充满希望和痛苦。我们谈到春，我们所看到的春和了解的春，其实就是大家所了解到的表层的春天，就是充满生机、万物蓬勃生长、生命的欲望的赤裸展现。穆旦的《春》展现的深层含义就是春带来了生机和欢乐，也带来了烦恼和痛苦。我们再来思考一下，《春》这首诗，两节之间有什么关系呢？

第一节和第二节，明显是并列与互相对应的关系，第一节即一个少年对青春的一种向往；第二节描写另一种青春的状态，在主题上更加深化了一步，由大自然的春天绚烂转向了生命之春的迷惑和痛苦，而这种痛苦正是一种现代自我意识的体现。我们再来深化一下这首诗的主题：诗人通过丰富的意象，写出了青春的美好和痛苦，寄予了对生命的心声和强烈冲突的迷恋与等待。

学生 C：接下来我给大家解读商禽的《鸡》。商禽是诗人的笔名，诗人原名罗显烆，他生于四川，在 15 岁的时候就离开了家乡，16 岁参加了国民党军队，后来到了台湾。他的一生经历了很多坎坷和挫折，为了生存从事过很多的职业，做过临时工，做过编辑，还卖过牛肉面等。因为生活中的挫折和磨难，使他没有办法平静地面对现实，所以他用超现实主义的手法去写诗，想要在诗歌中寻找对现实的解脱。因此他也被誉为诗坛的鬼才。他擅长用散文诗的创作形式去写诗，代表作品有《长颈鹿》《火鸡》《逃亡的天空》等，用散文诗的形式和超现实主义的风格，把最现实的题材写出了超出现实的想象力，他的诗歌非常冷峻，而且以其对万事万物的敏锐观察、悲悯之心，形成了诡异深刻的诗风。我们一起看一下这首诗。请同学D来朗读一下。

学生D：

星期天，我坐在公园中静僻的一角，一张缺腿的铁凳上，享用从速食店买来的午餐。啃着啃着，忽然想起我已经好几十年没有听过鸡叫了。

我试图用那些骨骼拼成一只能够呼唤太阳的禽鸟。我找不到声带，因为它们已经无须啼叫了。

工作就是不断地进食，而它们生产它们自己。

在人类制造的日光下，

既没有梦，

也没有黎明。

学生C：诗的第一节采用小说句式的仿写，用叙述性的语言交代了时间、地点、人物和事件，然后联想到，他已经好几十年没有听过鸡叫。这一诗性的联想直接就提出了一个根本性的追问："我试图用那些骨骼拼成一只能够呼唤太阳的禽鸟。我找不到声带。"这里的骨骼可能是诗人吃快餐剩下的鸡的骨骼，是那些不能被消化的东西，而诗人试图用这些骨骼拼出一只能够呼唤太阳的禽鸟，就算它的骨骼能够拼出一只鸡的形状，但是它没有声带，只是徒具其形，不闻其声。这副被吃剩下的骨骼和呼唤太阳的禽鸟之间是没有共同性的，这是两个相互排斥的命名。

我们身处工业时代，好像我们每天起床都不需要鸡叫来提醒我们。而鸡，它只是现代工业社会对它的命名。它是用来吃的，而不是我们传统观念上家里饲养的鸡。事实上，鸡变成了食品工业的一部分。鸡的工作就是不断地进食，然后生产它们自己。在鸡的身上去寻找呼唤太阳的声音显然是徒劳的，因为声带已经成为多余无用的东西。鸡的工作就是不断地进食，而这种在工业社会对鸡的命名具有一定的正确性和合理性，因为它已经不具有我们传统观念的那种诗意和神话了。它失去了原来的诗意美，或者用超现实的领域和命题的混合性质来对应速食鸡和呼唤太阳的奇妙。最后诗人说："在人类制造的日光下，既没有梦，也没有黎明。"我们既没有丧失人类，也没有丧失鸡，而太阳也是照常升起，可是这三者之间却失去了联系，他们是孤立的存在。最后一小节被赋予了分行排列的"格言的样式"来表明人类的丧失。

在第一节中，作者讲到他坐在公园的一角，那个缺腿的铁凳上，这张铁凳和作者吃剩下的骨骼，是具有同样硬性品质的词。但是铁凳，它缺了一条腿，而骨骼，它没有声带，这其中作者隐晦地表现了后工业时代物质文明基础的缺失，批判了后工业时代对古典制的侵蚀，"啃着啃着"和"没有梦和黎明"，也体现了工业时代生活的单调和乏味，机械地表现了工业化时代下没有诗意的生活状态。

这首小诗运用了想象式的结构方式，通过诗人在吃掉速食鸡后，用剩下的骨骼拼凑成鸡，并试图联想到对太阳的呼唤，但因声带缺失而徒劳，在意愿层又进一步联想到人类的丧失以及现在的生活状态。进入工业时代，我们听不到鸡鸣声了，也表示工业大生产下原始生命力的丧失。诗人在对这一神话逻辑的辩论和追问中，没有办法去否定工业时代下的逻辑的正确性。我们现在生活中的一切的节奏和逻辑都是符合工业时代的变化的，但也缺失了原始的、传统的那种诗意的美好，体现了诗人对诗意生活的向往。诗人始终没有停止追问和思考，这首诗所描绘的也并非个人的生活节奏，可以把它理解成工业文明下社会最普遍的生存状态，人类大多成为单调、麻木、毫无趣味的肉体和骨骸。诗人试图在这些骨骸中追问现代的生活，这也是值得我们去细细品味的。

教师：我们知道一首诗之所以有别于另外一首诗，除了独特的意象、节奏、格律，以及抒情方式等要素外，结构和层次其实也是它的亮点。诗歌和小说一样，都需要有一定的组织架构。创作诗的过程，就是把词语像珍珠一样串成项链的过程。诗歌其实就是一个生命体，它包含诗歌的意象、韵律、风格、意义，这些内容交织成一体，就形成了现代诗。这里我们要学习一个新词——肌理。肌理是西方文论的一个词语，指的是每首诗都有着与众不同的架构，它是有层次的，如分行，行与行之间的停顿，节与节之间的空白通过一定的组织形式就形成了诗的结构层次。

在学生的学习经历中，接触到的大多是古诗词，对比一下古诗的结构和层次与现代诗有什么不同？（学生 E：我认为古诗的结构和层次很明显，而现代诗就没有那么明显了）我们所学的古诗，有绝句、律诗，有五言的、七言的。宋词也分为上片、下片，而且每个词牌都有着固定的结构。古代人是以词牌的格式为框架，然后把诗人的意象填进去，这就叫填词。相对于现代诗而言，古诗词的结构和层次比较明确、固定。它的意义和结构是相生相融的，但是因为这种固定的结构和层次，使得多样性受到限制，所表达出来的经验和意义，也就相对比较固定。

现代诗和古诗在结构层次方面的差别，究其根源还是在于现代人与古人生存经验的差异。现代人的生存背景是工业社会，古人的生存环境是乡土社会，创作题材以农村、农业为背景的田园诗，这些诗歌都是围绕着相对固定的主题进行的，也就是我们经常所说的融情于景，触景生情。古人的生存经验相对而言比较简单，看见下雨，会感觉到忧郁，看到月亮会思念家乡，看到一个景物就自然地会生发出一种感情，自然而然地联想到某些事情。而现代人，生活在钢筋水泥的“丛林”里，每天所体验到的不是自然的景物，而是人工场景、人造场景。比如，我们在教室里，你看到的日光灯、投影仪和白板等，这些都是古代人无法想象的。再细致一点说，古人依靠书信联系，而我们现在都是用手机、电脑，这也是古人无法想象的。手机等电子设备深刻地改变了我们的生活，这使得我们的生存体验更丰富。我们能够在朋友圈里表达心情，这本身就是一种现代经验的表达、情绪的发泄。如果将这种经验整理出来，就可以形成现代诗。

并不是每一首现代诗的结构都很复杂，也有一些比较单纯的现代诗。毕竟现代人，看到风花雪月也会触景生情。只不过，我们表达情感使用的是现代语言，表达经验的方式也更为丰富多样。比如，同样写春天，可以用“春眠不觉晓”的方式来写，也可以用穆旦所采用的那种比较繁复的手法去描写，这是个人的选择，是由对诗歌的理解不同而造成的。以春天为主题的古诗有很多，比较知名的诗人有王维、杜甫、杜牧、韩愈、崔护、白居易、贺知章等，这些诗歌有什么共同特点呢？（学生 F：诗中有花、草，还有小动物。学生 G：写景）无论是杜甫、王维，还是贺知章，他们以春天为主题的诗歌都有一个明显特点，那就是先写景，再引出个人的情感，这种情感蕴含在自然景观中，体现自然的景观和人的情感的和谐，情景交融。唐代诗人崔护，他说“人面不知何处去，桃花依旧笑春风”，这里的桃花明显是一个褒义词，和美好的事情——爱情结合在了一起。现代人眼中的春天是什么样子呢？海子写的桃花，就渗透了很多关于死亡的想象，悲剧性地书写暴力和流血。这说明在现代诗人眼里，春天带有诗人个体强烈的主观体验。我们再来看穆旦的《春》，是怎样去写的，然后分析它的层次和结构。

这首诗为上、下两部分。上半部分，穆旦首先写道“绿色的火焰在草上摇曳”，这就是对自然景物的一种现代性书写，穆旦的想象力非常丰富，他把草随风摇摆的场景比作“绿色的火焰”。“他渴求着拥抱你，花朵”，这首诗里有非常多的人称代词，每一次的使用标志着视角发生了转换。“他”是指随风摇曳的青草，“你”是指花朵，这是对自然的一种拟人化书写。“反抗着土地，花朵伸出来”，花朵是怎样开放呢？“反抗着土地。”注意这个“反抗”，花朵没有主观意识和情感，怎么可能去“反抗”土地呢？只有人才会去“反抗”。但是，我们想象花朵盛开的过程，非常艰难，一直和土地、大自然进行较量，只有它真正“反抗”成功了，才得以盛开、绽放。后面还写到人的情感：“如果你是醒了，推开窗子，/ 看这满园的欲望多么美丽。”这里又出现人称代词的转换，这里的“你”，睡醒之后拉开卧室的窗帘，看到了“满园的欲望”。这里的“欲望”指什么呢？（学生：花草）春天的时候，你打开窗户，看到了校园里的花草，但是为什么会用“欲望”这个词呢？这里的“欲望”更多的是象征着生命的欲望，花朵盛开、绿树发芽，大自然所迸发出的生命和活力，其实就是生命欲望的体现。尤其春天，你看到这些大自然的景物，自然而然地就会联想到生命。

接下来，作者从大自然写到了人：“蓝天下，为永远的谜蛊惑着的 / 是我们二十岁的紧闭的肉体。”20 岁，应该是充满活力的，但是也会有青春的烦恼，比如说爱情的烦恼、对人生的迷惑，这些都带有青年人自身的特点。我们对外界的万事万物都充满着好奇、想象，甚至是充满着欲望。然而，诗人却使用了“紧闭的肉体”词组，它和“欲望”“永远的谜”之间，好像形成了一种张力，也可以说是矛盾的。这样的写作方法，或者说是张力的结构，是穆旦作品的独特之处，他不喜欢写圆满的情感、圆满的灵魂和肉体，他喜欢描写矛盾、残缺，描写生活中的荒谬性，因为他希望更多的读者看到，人生本身就处处是张力、是矛盾，反映在诗句中就是“欲望”和“紧闭的肉体”相对照，“泥土”和“鸟的歌”相对照。接下来就是对全诗的总结：“你们被点燃，卷曲又卷曲，却无处归依。/ 呵，光，影，声，色，都已经赤裸，/ 痛苦着，等待伸入新的组合。”这里又出现了一个充满矛盾、充满张力的词：“痛苦”，这种“痛苦”，更多的可能是对生存本身、对人生追求的迷茫，其本身可以说是幸福的，因为它并不触及本质，如家破人亡、兴衰离合。年轻人在愉悦的同时，可能也会感到生存的痛苦和矛盾，而愉悦与痛苦这两种情感其实是相辅相成的，可以说是一种“幸福的痛苦”。《春》这首诗既写出了春天的景色，也写出了人生的追求和痛苦，两者结合在一起，是一首非常典型的穆旦诗歌。

穆旦的一生经历丰富，他出生于天津，原名查良铮，和金庸有一定的亲戚关系，因为二者的祖籍都是浙江海宁。穆旦笔名是将“查”拆分成“木”和“旦”得来的。他在清华大学读书时，抗战爆发了。清华、南开、北大等几所大学的师生一起长途跋涉到了云南，在那里建立了西南联大。向云南行进的过程中，穆旦沿途看到很多风景，跋涉对穆旦来说是一种非常独特的体验。从西南联大毕业之后，他去过缅甸，当过翻译，又去过沈阳，办过报纸，后来还前往美国留学，这些丰富的人生体验注定穆旦的诗歌不会特别地圆满和华丽，他更喜欢在诗歌中表现人生的体验和矛盾。他在 1976 年写成的《冥想》中感叹：“我的全部的努力，不过完成了普通的生活。”他其实是想表达过去那些年生活的经历，以及作为普通人所感受到的人生的艰难。你们现在可能很难有这种体会，因为你们的生活丰富多彩，并且对未来充满了希望。但是几十年后，当你回顾自己的一生时，却发现很多美好的事情逝去了，这其实是一种悲剧意识。

穆旦还有一首写于晚年的诗歌，叫作《冬》："我爱在淡淡的太阳短命的日子，/临窗把喜爱的工作静静做完；/才到下午四点，便又冷又昏黄，/我将用一杯酒灌溉我的心田。"这样的触景生情，或许是他把景物和自己内心的灰暗与阴霾结合在了一起。穆旦在这首诗中所表达的对自然景物的认识，与年轻时写春天、写生命、写肉体之间形成了一种矛盾和张力。可以说穆旦的一生，充斥了张力与矛盾。刚才讲到《春》，它不是专门去写景，而是借景来写对春天的认知和感觉，如"花朵。/对土地的反抗"以及"满园的欲望"，把人的感官体验和大自然结合在一起，这就是现代人的体会。现在的人们具有现代性的生活体验，经历过复杂的思考，再看到风景时就不会单纯地去写它的美丽、漂亮，而是与个人的欲望、感觉结合在一起，将自然"身体化"。我们刚才说到在第二节写"生命的春天"时，出现了一些有张力、有矛盾性的结构。比如，"鸟"是一种很轻的、会飞的动物，"泥土"是很沉重的东西，将"鸟"的"轻"和"泥土"的"重"形成对比，"紧闭的肉体"和前面所说的"满园的欲望"之间又形成一种对比。一个是敞开的，一个是紧闭的；一个是沉重的，一个是轻盈的。另外，"你们被点燃，卷曲又卷曲，却无处归依"，又形成了一种矛盾。这种矛盾和张力就构成穆旦诗歌的结构，从自然的春天写到生命的春天，从自然的景物写到人的感觉，这种矛盾构成了穆旦诗歌的特点。郑敏对穆旦这个同时代诗人的评价是："穆旦不喜欢圆满，喜欢矛盾，喜欢张力，他的诗歌就是建立在张力的基础上。"我们在分析诗歌的时候，要注意到现代诗的张力。张力的使用体现了现代人精神世界的复杂性，把这些复杂的人生体验转移到诗歌上，就是现代诗人对层次和结构的使用。

接下来要讲的《鸡》，也是一首层次感非常强的诗作。在古代人看来，鸡与凤凰同类，是一种神灵，有自己的象征意义。但是在商禽笔下出现的鸡是什么样子的呢？

第一段，诗人用口语叙述了一个完整的故事。时间：星期天。地点：公园。人物："我"。事件：吃鸡。逻辑非常清晰，就像讲故事一样。"我"在星期天坐在公园里的一角吃午餐。从速食店买来快餐，"我"坐在一个缺腿的铁凳上吃午餐。"残缺的鸡"和"缺腿的铁凳"形成了一种呼应。接下来，商禽写道，他几十年没有听过鸡叫了，这说明他和传统的乡土田园生活已经离得很远。所以他试图用那些吃剩的鸡骨骼，拼成一只能够呼唤太阳的禽鸟。呼唤太阳的禽鸟是"雄鸡一叫天下白"，鸡的作用，就是呼唤太阳的升起。但是作者在拼接的时候没有找到鸡的声带，无法啼叫了。既然鸡不能叫了，那它还有什么作用呢？——它的工作就是不停地进食，来生产它们自己，这就是城市里的鸡之命运。在规模化的养殖场里，鸡全部被关在笼子里，它们在不断进食的同时也在不断地去生产，将自己变成商品。"生产"这个词，其实也意味着我们现代人的命运。我们如果是来自乡野社会，在广阔天地里自由奔跑，我们的生活就有无限的可能，就像卞之琳的《寂寞》里的那个小孩子一样，在农村的时候天真无邪，买只蝈蝈，陪伴自己。小孩子长大了，到城里去务工，他买了一个夜明表，后来因为某种原因死去了，过了三小时，表还没有停止，还在嘀嗒嘀嗒往前走，人的生命就被精准的时间异化。商禽在《鸡》里面写的这个"我"，也是都市流水线上的产物，生命与灵魂就在这种"生产"

的过程中损耗。接着作者点出主题："在人类制造的日光下，既没有梦，也没有黎明"，鸡被做成炸鸡进入我们的胃，这其实是一件很悲哀的事情。为什么商禽会有如此悲哀的发现，这和他个人的生存体验有一定关联。

商禽是四川人，抗战胜利前夕加入国民党军队，后来随部队到了台湾。到了台湾之后，他生活拮据，1968 年退役后，做过很多社会底层的工作，一直没有固定收入和住所。但即便如此，他仍然坚持创作，刚才我们讲的《鸡》，是一首散文诗，它的结构多元化：第一节以叙述的方式来讲故事，是小说的结构；第二节又是散文的句式；第三节是诗歌的排列方式。这就形成了结构的多样性，也标志着意义的划分。

诗中有很多对比和反差，如提示人们太阳初升的鸡和做成快餐的鸡之间就有非常大的差异。之前我们学过王小波的《一只特立独行的猪》，"特立独行的猪"和一般的家猪之间有着明显的差异。而被做成食物的鸡、工厂流水线生产出来的鸡和大自然中自由自在奔跑的鸡，也肯定不一样。这就是诗人生活经验的体现，也彰显了社会现实，可以说，商禽对工业文明是有一定的怀疑的。商禽年轻时在大陆生活，20 世纪 40 年代，大陆还处于乡土社会的状态，田园风光和到台湾之后所体验到的充满异化的现代社会相比，差异非常明显。而商禽则在钢筋水泥的森林里来思考人类该何去何从。生存于现代社会的人，必然要和机械化、快餐化的事物打交道，而怎样体现人的本真，这里面就出现了矛盾的张力。很多西方哲学家都在批判人类制造出来的机械产品，如德国哲学家本雅明就把一些作品称为机械时代的复制品。

现代诗和散文之间的区别是什么？从结构和层次的区别来说，散文的意义段，相对而言比较完整，能感觉到是意义明显的自然段。但诗歌通过分行的方式，就会把意义给分裂，行与行之间产生一定的张力。另外，从语言方面看，散文表达的意思比较清楚、完整，所用语言较为通俗、流畅，而诗歌要体现语言的诗性，具备一首诗的内涵和张力，才被称为诗，否则就和散文没什么差别。

专题七：现代诗的修辞

学生 A：我们今天主要介绍的是联想修辞手法，所谓联想就是从一个事物关联到另一个事物的过程。首先，介绍的是戈麦的诗歌，他于 1985 年考进北大中文系，1991 年去世。在这六年的时间里，戈麦创作出了大量的诗歌作品，其中不乏经典之作。戈麦有着自己的诗歌观，他曾经说道："诗歌应当是语言的利斧，它能够剖开心灵的冰河，在词与词的交汇、融合、分解、对抗的创造中，一定会显现出犀利夺目的语言之光照亮人的生存。诗歌直接从属于幻想，它能够拓展心灵与生存的空间，能够让不可能的成为可能。"这句话我们可以理解为戈麦自己的诗歌观。我先给大家朗读一下戈麦的代表作《沙子》。

空心的雨，打在
空心的梧桐树
叶子箔片般在响
时光是沙

有人站在黄澄澄的麦垛后面
空气中有细长弯曲的水柱

一年一年的收成是沙
挖开颅骨下黄昏的河床
忘记是沙

风雨过后一些淋湿的海鸥
落满港口的桅帆
它们微冷的喉管里
细微的声音是沙

那些漫天飞舞的燕子
一点一点翻录着天空的思想
无尽的生活是沙

我数尽了陆地上一切闪亮的名字
灯火全灭
狂风被吸进每一粒空隙
一粒，其实，就是一万粒

这首诗从自然、生活的角度联想到沙。首先从雨、梧桐树联想到时光，然后又从外部水柱、收成这些贴近现实生活的事物展开了想象，一直到从海鸥、燕子这些生物，又联想到沙，从各个维度发挥丰富的想象。时光是沙，忘记是沙，无尽的生活是沙，语言虽然短促，但是节奏感很强，诗歌运用物与物之间的联系对接，把沙子和大千世界进行了联想重构，拓展时空，同时也展开了哲思。戈麦去世的时候仅 24 岁，主要原因是无法接受或者消化现实与理想发生的强烈冲突，因此变成了一个厌世者，找不到支撑自己走下去的动力了，自沉于北京西郊万泉河。

下面介绍洛夫的《感时花溅泪 恨别鸟惊心——赠杜甫》。洛夫被诗歌界誉为“诗魔”，他长期居住在台湾，从事写诗、教诗、译诗、编诗50余年。首先为大家朗读一下这首诗。

感动是乱世中的不治之症
时而春望时而秋兴，时而寒颤时而悲吟
花的伤痛从蕊开始，泪
溅湿不了
泪中的火

恨，习惯无言，而且不是
别的任何暗喻或手势所能表达
鸟雀啁啾只不过是一只虫子惊叫的回声
惊叫其实无济于事
心锁早已灌了铅

洛夫通过自己的观察进行联想，与杜甫的《春望》进行了连接。洛夫学习杜甫最成功的地方，在于将感情意象化。在《感时花溅泪恨别鸟惊心——赠杜甫》中，洛夫没有直接阐释自己的观点，而是把自己的想法借杜甫的诗表达出来。杜甫研究学者总是强调杜甫是伟大的现实主义诗人，强调杜甫作品的史诗价值，而洛夫看到的却是杜甫诗歌的超现实主义，他的这首诗也是有感于杜甫的《春望》，是与杜甫诗心交融而成的诗作。洛夫对“感时花溅泪，恨别鸟惊心”这一联进行了大胆的阐释："花的伤痛从蕊开始，泪 / 溅湿不了 / 泪中的火""鸟雀啁啾只不过是一只虫子惊叫的回声 / 惊叫其实无济于事 / 心锁早已灌了铅"。从中不难看出他对杜甫感时恨别心境的另外一种深刻体会。

教师：我们在分析古诗词的时候，可能会用到一些修辞手法。比如，象征、拟人，以及其他修辞手法。古代诗词的篇幅比较短，而现代诗中的长诗有的长达几百行，甚至几千行，这种情况下诗人就会运用多种修辞手法。修辞的主要目的是增强诗歌的语言魅力，追求一种语言的艺术，并且在表达上能够增强诗歌的感染力。诗歌最重要的是把语言、情感以及意蕴三者联系在一起。另外，一首诗运用什么样的写作方式、什么样的修辞手法，能充分显示出一个诗人的思维方式。诗歌与世界怎样去建立联系？人、世界、诗歌三者之间，建立联系的一种途径就是通过修辞。

我们在中学时期更多的还是学习正规的作文写作。不论是写作文，还是写大学毕业论文，语句要通顺，杜绝错别字和语法错误。而作文、论文的写作，和诗歌写作有区别。现代诗歌的某些修辞是不遵循现代汉语语法规范的，即"扭断语法的脖子"。修辞概念一旦应用到诗歌中，你就会发现概念是死的，诗歌语言是活的。在诗歌中要呈现出修辞的作用，除了运用既定的规则之外，更重要的还是发挥诗人的想象力，将修辞手法与要表达的思想、意义很好地融合在一起。

"感时花溅泪，恨别鸟惊心"出自杜甫的哪首诗？（学生：《春望》）杜甫的诗歌有非常强烈的忧国忧民的情怀，以及对历史的阐释。而洛夫作为一位现代诗人，他是如何去阐释杜甫的？又用了怎样的修辞手法？注意洛夫这首诗每一行的开头，它有什么样的特点？（学生：藏头诗）每一行开头第一个字连起来读，就成为杜甫诗句的一部分。藏头诗，其实就是一种戏法。说明洛夫在有意识地借鉴杜甫诗歌中的一些成分，但又避免了生搬硬套。我们看第二句："时而春望时而秋兴"，《春望》和《秋兴》都是杜甫的诗名，洛夫用如此巧妙的手法，把杜甫的作品嵌套在诗歌中。另外，洛夫所表达的情绪也有对世界、对现实、对历史的一种认识，如"花的伤痛从蕊开始，泪 / 溅湿不了 / 泪中的火""感动是乱世中的不治之症"。

洛夫出生于湖南，1949 年随国民党军队到了台湾。他与张默、痖弦等诗人一起创办了《创世纪》诗刊，发表了许多作品，被称为"诗魔"，这个绰号从某种程度上说明洛夫诗歌的与众不同。我们可以去读一下他的长诗——《石室之死亡》，里面使用了超现实的手法。从读者接受的角度来看，洛夫在大陆的名气略逊于余光中，余光中的诗歌呈现出来的手法，相对比较单一和通俗。而洛夫创作了很多具有特色的作品，比如，他积极创作戏仿风格的藏头诗，呈现出了他对诗歌的理解以及对杜甫的个性化理解。洛夫认为诗歌是对语言的破坏，也是对语言的重建，他创作的 20 多首藏头诗，就是他对修辞、对语言进行探索的体现。他希望将自己的思想隐藏在诗歌中，引导读者一步一步地去发现，而不是一开始就直白浅显地把修辞的意味呈现给读者。读诗，其实就是读者和诗人相互发现的过程。

另外，我们要关注现代诗人对杜甫的理解。杜甫的诗歌被称为"诗史"，杜甫的人格魅力以及他忧国忧民的情怀，自唐代开始，历经宋、元、明、清、民国，直至现在，一直都被很多诗人传颂和学习。就连抗战时期的文学作品，都在反复地书写杜甫。杜甫对诗歌的阐释除了爱国情怀之外，还有对历史的书写，这也是为这些现代诗人所传承、所学习的，也就是陈超提出的"历史的想象力"。洛夫在《感时花溅泪 恨别鸟惊心——赠杜甫》中就把自己对历史的认识和修辞二者相结合，增强了诗歌语言的魅力和历史的厚重感。两者的结合其实并不容易，洛夫写了20多首藏头诗，但并不是每一首都特别成功，甚至有一些藏头诗还留下了生硬和雕琢的痕迹。比如《蚯蚓一节节丈量大地的悲情》：

蚯蚓饱食泥土的忧郁
一腔冷血何时才能沸腾？
节节青筋暴露
节节逼向一个蜿蜒的黑梦，
一寸一丈地穿透坚如磐石的时间
量过的大草原，再量，
大峡谷，天翻
地覆之后它扬起黯然的头，
悲怆，淡淡的
情感，土土的

这首诗总体上是在写蚯蚓。蚯蚓这种软体动物，向来被视为非诗意的事物，一般情况下，很少有诗人将它写进诗歌中，它似乎与美、诗歌完全不相关。《蚯蚓一节节丈量大地的悲情》中蚯蚓和"大地的悲情"通过"丈量"的动作建立了关系，"悲情"也寄予蚯蚓的"爬行"中。我们可能感觉到这首诗整体的意义还是比较好的。但是诗中也存在如朗读和语言方面的问题。"蚯蚓"是一个词，"蚯"和"蚓"两个字只能固定搭配，如果单独出现，就没有实际含义。有种说法，现代诗歌可以不遵循语法的规则，即"扭断语法的脖子"，为什么认为《蚯蚓一节节丈量大地的悲情》中的词语用法欠妥，如果单纯从追求新奇、追求独特的角度看，洛夫的词语用法可能没有什么太大关系。但他把“蚯”和“蚓”两者分开，若仅仅是为了戏仿而戏仿，为了写藏头诗而藏头，那么这种藏头诗就失去了它原本的规则和意义。分行的作用是什么？诗歌区别于散文的一个特征就是它每一行都要表达意义、表达思想。另外，行代表着节奏和停顿，是为了便于朗诵。如果一行中的字词没有实际意义，那么这首诗的表达效果将会打折扣。这就是在读《蚯蚓一节节丈量大地的悲情》的时候，就感到它的修辞效果似乎不如刚才那首《感时花溅泪 恨别鸟惊心——赠杜甫》。

我们还要重点讲解戈麦的诗歌。戈麦如果还活着，他也是一位50多岁的诗人了。可以说，他们这一代人的命运，和我们这一代大学生相比，有着非常大的差异。《沙子》这首诗是戈麦在经历20世纪八九十年代诗歌的转型，经历了人生的波折之后写出的作品，里面体现出他对世界、对语言的一些思考。刚才同学A已经对这首诗中的联想修辞进行了阐释，我们再进一步分析戈麦是如何联想的：诗人一开始没有先说“沙子”，而是在说“雨”，“空心的雨，打在/空心的梧桐树/叶子箔片般在响”。由于诗人善于联想，他从雨打树叶发出的声音中，联想到了沙子落在叶片上的动静。否则我们就很难理解为什么一开始写下雨和梧桐树，紧接着就写到了沙子。

诗中有很多关于沙子的精彩句子：“时光是沙”，“一年一年的收成是沙”，“忘记是沙”，“细微的声音是沙”，“无尽的生活是沙”。这种句法，可以被称为格言体。有这样一句话：“从一粒沙中看见天堂”，之前讲卞之琳的《圆宝盒》时，我们也曾讨论过这种相对的关系。“无尽的生活是沙”，“一粒，其实，就是一万粒”，从沙子这样微小的事物中窥见无尽的生活，窥见整个世界，就像博尔赫斯笔下的“阿莱夫”一样，从一面小小的镜子里就能看见整个宇宙。我们在感叹沙子神奇之处的时候，也能够体会诗人对宇宙、人生的理解。

戈麦，原名为褚福军，出生于黑龙江宝泉岭农场，其父母是从山东移民过去的。戈麦是家中最小的孩子，他的大哥对他的成长起到关键性的作用。在戈麦很小的时候，大哥就教他识字、算术等文化知识，作为戈麦的启蒙老师，大哥还给他买了小提琴和笛子，让他学习乐器。当时农场有很多来自上海和北京的知青，他们把文化知识带到了这个偏远的地方，使得一个没有经过大城市熏陶的农村孩子，提前学会了大提琴、小提琴和吹笛子，这种文化熏陶是在一般的家庭所没有的。

戈麦从小就表现出与众不同，从高中时候就要求自己除了学习课堂知识之外，还要大量阅读国内外名著。戈麦在填报高考志愿时更想报考经济系，因为他觉得学经济对社会、对国家贡献更大，这与20世纪80年代中后期的商业化潮流有一定关联。事与愿违，戈麦却接到了北大中文系的录取通知书，尽管不情愿，甚至想退学，但最终在大家的说服下选择了中文系。

在北大学习期间，戈麦结识了一些爱好文学的朋友，并在他们的影响之下开始尝试写诗。一开始写诗就达到了一定的高度，朋友们都非常惊讶于他的诗歌成就。大学期间，戈麦除了写诗之外，业余爱好也很广泛，在北大乐队里担任大提琴手，围棋下得也很好，大家给他起了个外号——老褚。戈麦毕业后在诗人西渡的介绍下到中国外文局杂志社当编辑，工作出色。不过，他也展现了自己桀骜不驯的个性，有的时候旷工，在宿舍里写诗，周末放弃休息时间，去国家图书馆看书写诗。他生前的手稿就有厚厚的一摞，可以看出他对写诗是非常执着的。

戈麦在1991年9月24日做出了一个令所有人意外的举动——自

杀。他失恋了，有一定的预兆，但是谁都没有想到他会在这个日子，把所有的手稿扔到北大的一个厕所里，然后跳进万泉河自杀了。直至十月，才发现他的尸体。后来西渡和其他同学，把他的手稿一点一点地整理出来，形成了我们今天所看到的戈麦的诗歌。戈麦的死亡一方面是性格的原因，另一方面是由于他的理想和现实生活形成了鲜明的反差。戈麦曾说："生活是撕不破的网。"他感觉到无法实现自己的理想，选择告别人世，用一种非常决绝的方式结束了自己的生命。我们看到，戈麦的诗歌中所渗透出来的理想，和当时流行的诗歌风潮不一致，20 世纪 80 年代末，当很多人开始写媚俗的作品时，戈麦仍然还是坚守传统的诗歌形式，写作具有力度的作品，这其实是非常难得的。

"诗歌直接从属于幻想，它能够拓展心灵与生存的空间，能够让不可能的成为可能。"受限于社会的既定法则，绝大部分人都会屈服于现实，想突破这个界限非常难。"让不可能的成为可能"是一种悖论，但也体现出戈麦的理想，当然这也能够呈现戈麦对博尔赫斯的学习和借鉴。戈麦曾经翻译过博尔赫斯写的一首诗《沙子》。20 世纪 80 年代末 90 年代初，博尔赫斯在中国非常有名，很多诗人都是在有意识地去借鉴博尔赫斯对世界的认识，以及他的修辞手法，比如戈麦用的一种论断的句式，即"××是沙"。刚才我们介绍过"历史想象力"，其实戈麦在经历过 20 世纪 80 年代末 90 年代初的社会环境之后，他对社会、对历史、对现实的认识，必然会发生相应的变化。他不再那么乐观地相信未来、相信生命、相信那些很华丽的语言。相反，他能够看到现实中人性的险恶。在一个充满竞争的环境之中，人性的丑恶会暴露得一览无余。戈麦在现实生活中经历的，也让他对现实和历史有了自己的思考，他将沙子和世界联系在一起，将沙子和无穷的生活联系在一起，这样的想象，可以说是戈麦独有的。再解读戈麦另一首诗歌《南方（二）》：

像是从前某个夜晚遗落的微雨
我来到南方的小站
檐下那只翠绿的雌鸟
我来到你妊娠着李花的故乡

我在北方的树荫中想象过你的音容
四处是亭台的摆设和越女的清唱
漫长的中古　南方的衰微
一只杜鹃委婉地走在清晨

我的耳畔是另一个国度　另一个东方
我抓住它　那是我想要寻找的语言
我就要离开着哺育过我的原野
在寂寥的夜晚　徘徊于灯火陌生的街头

此后的生活就要从一家落雨的客栈开始
一扇门扉挡不住青苔上低旋的寒风
我是误入了不可返归的浮华的想象
还是来到了不可饶恕的经验乐园

在你们的生活经验中，你觉得“南方”和戈麦的写法一致吗？“南方”是他呈现的这个样子吗？（学生 B：会有一些古镇保留了这个样子，但如果是在城市，还是比较现代化的)《南方(二)》写于1991年，是戈麦晚期的作品之一，当时他在杂志社当编辑，需要去上海采访施蛰存。我们都知道戈麦是一位来自黑龙江的诗人，他的生活、学习都是在北方，这次采访让他第一次看到了南方的风景。他在回到北京之后，就写下了一组关于南方的诗歌。这首诗的题目是《南方(二)》，是他修改后的一个版本，之前还写过一首《南方(一)》。戈麦在不断对自己的诗歌进行修改之时，也不断地修改对南方的想象，后来他还写了关于对南方想象的诗歌——《南方的耳朵》。这是一个北方人，通过一个偶然的机会，写下了他对南方的认识和想象。“像是从前某个夜晚遗落的微雨 / 我来到南方的小站”，戈麦曾在北方的树荫里想象过南方的面容——屋檐下有翠绿的雌鸟，盛开着李花，有亭台楼榭，有越女的歌唱，也有杜鹃委婉走在清晨。他通过写南方的景象，想要表达：“我抓住它　那是我想要寻找的语言。”“我是误入了不可返归的浮华的想象 / 还是来到了不可饶恕的经验乐园。”

从最后两句诗也可以看出，戈麦写南方的景物、风土人情，不仅仅是要表现他对南方的喜爱，对南方想象的印证，更是希望通过写南方，表达自己对现实、对历史、对诗歌本身的体验，将自己的所见所闻与内心的情感阐释结合在一起，为我们呈现出“历史的想象力”。但是我们也知道，戈麦所写的南方肯定不是真实的南方。一个北方诗人对南方的想象不一定符合现实，戈麦在诗中对南方的描写结合了从书籍中获得的一些知识，与现实生活中所呈现出来的情况会有一定的差异。戈麦写南方，一方面写他自己的想象，而后通过南方的所见所闻，修改这种想象；另一方面，戈麦也受到了博尔赫斯的影响，博尔赫斯是阿根廷的诗人，阿根廷处于南半球，具有南方特色的自然景观。在这种氛围之下，博尔赫斯写出了很多关于南方的诗歌和小说。

受此影响，戈麦写了很多关于南方的想象。

写诗是在写语言、写修辞，同时是在写经验、写想象，这种想象不一定能够和现实完全匹配，属于个人心灵化的创作。所以我们可以看到，很多南方的诗人在写北方，北方的诗人在写南方，虽然看起来是非常矛盾的，但同时又存在着互动的关系。这就是诗歌不同于游记、不同于写实性作品的地方。

专题八：现代诗的叙述性

学生 A：诗性并不是只能以抒情的方式表达，诗歌叙述依然可以带来美学的体验。诗歌叙述的特点：第一，多取材于日常生活中司空见惯的事物，来体现曾被人忽略的诗意；第二，尽可能地客观描写和呈现，更多地利用细节的演绎和词语的分析；第三，在叙述的过程中，通过诗歌节奏的调整等途径，拉开口语化的诗歌语言与日常语言之间的距离。接下来我们来看张曙光的《1965 年》，1956 年张曙光出生于黑龙江省望奎县，他是诗人、翻译家，黑龙江大学文学院教授。他在大学的时候就开始创作诗歌，坚持硬朗的诗风，著有诗集《小丑的花格外衣》《午后的降雪》等，获得过很多奖项。请同学 B 为我们朗读一下《1965 年》。

学生 B：

那一年冬天，刚刚下过第一场雪
也是我记忆中的第一场雪
傍晚来的很早。在去电影院的路上
天已经完全黑了
我们绕过一个个雪堆，看着

行人朦胧的影子闪过——
黑暗使我们觉得好玩
那时还没有高压汞灯
装扮成淡蓝色的花朵，或是
一轮微红色的月亮
我们的肺里吸满茉莉花的香气
一种比茉莉花更为凛冽的香气
（没有人知道那是死亡的气息）
那一年电影院里上演着《人民战争胜利万岁》
在里面我们认识了仇恨与火
我们爱着《小兵张嘎》和《平原游击队》
我们用木制的大刀与手枪
演习着杀人的游戏
那一年，我十岁，弟弟五岁，妹妹三岁
我们的冰爬犁沿着陡坡危险地
滑着。突然，我们的童年一下子终止
当时，望着外面的雪，我想，
林子里的动物一定在温暖的洞里冬眠
好度过一个漫长而寒冷的冬季
我是否真的这样想
现在已无法记起。

学生 A：谢谢。首先，《1965 年》这首诗中，融入了很多诗人的个人生活体验。通过片段的描写来展现诗人那年下雪，他们去看电影的情形，通过带有叙述的语调，平缓而沉着地诉说自己的回忆，使叙述性的诗歌散发出生活的气息。诗人还用精微的叙事来描写日常生活中各种细微的场景，在诗作中可以看到雪堆、人影，闻到茉莉花的香气，不断将过往的岁月从记忆中绽放出来。通过读诗，会不由自主地进入诗人所描写的情境中，如身临其境。最后，诗人在叙述的过程中，通过跨行的节奏调整，造成诗歌的空白，达到陌生化的效果。在空白中，读者可以调动自己的主观经验和心灵感受去填补这种想象，使读者融入诗歌所营造的联想世界中去，与此同时，节奏上的停顿也带来了情感上的沉淀和意义的锻炼。

学生 C：接下来我们探索现代诗歌叙述性与韩东创作的结合。韩东出生于 1961 年，我们之前学过他的《有关大雁塔》和《你见过大海》。韩东是“第三代诗人”的代表之一，在 20 世纪 80 年代中期与于坚等诗人推出过一股先锋派的诗歌新潮。以平民化的诗歌与诗人化的小说写作而著名。近年来，他在小说创作方面有所成就，被称为新生代作家。首先介绍韩东的《写作》，请同学 D 朗读一下。

学生 D：

晴朗的日子
我的窗外
有一个人爬到电线杆上
他一边干活
一边向房间里张望
我用微笑回答他
然后埋下头去继续工作
在这中间有两次我抬起头来
伸手去书架上摸索香烟

中午以前，他一直在那儿

像只停在空中的小鸟

已经忘记了飞翔

等我终于写完最后一页

这只鸟儿已不知去向

原来位置上甚至没有白云

一切空虚又甜美

学生C：好，谢谢同学D。首先，诗歌的叙述性是伴随着写作这一过程展开的。是现在进行时的叙述时态，叙述的是当下此时此地的时间和空间，感知的是现下流动的生命和正在经历的生活。其次，韩东的诗在写作中有很多细节性描写。比如，有一个人爬到电线杆上/他一边干活/一边向房间里张望，“我”用微笑回答他，然后埋下头去继续工作。诗人以“爬上电线杆的人”为核心意象，通过日常生活场景的刻画，具有渐入人心的力量。韩东在对日常生活事物进行描写时，运用电线杆、香烟、小鸟、白云等多种意象，做到了客观的描写和呈现。对于细节的把控方面，尤其是“伸手去书架上摸索香烟”，描写十分细腻。最后，描述了诗人创作作品的精神状态，秉承了他一贯的口语化的特点，平淡清新自然。同时，叙述方式的转化带来了诗歌节奏的调整，将诗歌时间延长与故事时间等长的场景叙述、规模放慢节奏，引起读者对日常生活场景的关注，并从中体会生活本身所蕴含的诗性味道。

我们小组对现代诗歌的叙述性进行了总结，即诗歌的叙述性的发现与实践，标志着现代诗歌具有了越来越开放的写作态度，现代社会的光怪陆离要复杂多元的诗学景观，诗歌作为诗人与读者沟通的桥梁，扩展了诗歌语言的表现张力，让文本有了更加立体的解读空间。诗歌中的叙述性的运用是剖析诗歌手法的一个重要途径。以上就是我们小组对现代诗叙述性的讲解。

教师：我们要注意这里强调的词语是“叙述”，并不是“叙事”。“叙述”这个词语，虽然在字面上和“叙事”只有一字之差，在日常用语中，这两者的意义是类似的，没有太大的差别，但是就现代诗而言，二者存在一定的差距。叙述的重点在于讲述、描述，偏重于过程性的展示。叙述大于故事本身，而叙事偏重于故事本身。一个好的故事，要有一些基本的要素，如时间、地点、人物、场景、事件。因此，诗歌叙述和诗歌叙事还是存在比较大的差异的。我们知道有一类诗歌题材叫叙事诗，如《诗经》中的许多诗歌就带有叙事性的成分，比较经典的叙事诗有《孔雀东南飞》《长恨歌》《圆圆曲》等，外国叙事诗如《荷马史诗》等。

叙事诗和诗歌叙述不同。诗歌叙述这个概念从提出至今，只不过十几年的历史。诗歌叙述的提出者认为，诗歌除了抒情之外，也要有一定的叙述特性：首先是口语化；其次从叙述性的诗歌作品中好像找不出非常具体的意象与情感，如韩东的《你见过大海》《有关大雁塔》等诗中并没有非常清晰的对作者情感的抒发。在诗歌叙述中，不仅有叙述者对一个事件（写作或者看电影等）、一个物体（啤酒瓶盖、柿子、苹果）的过程性描述，更重要的是要通过诗性的语言来表达。叙事讲究完整性，要讲述一个比较完整的故事。而叙述就不一定把事情说得那么完整、那么具体，甚至是不一定前后逻辑都要吻合，重要的是让读者感受到叙述的片段和对事物的描写都具有诗性。因此，叙述比一般的叙事更具有普遍性。很多叙事诗故事情节及人物描写都特别具体，如《孔雀东南飞》里面的刘兰芝、焦仲卿等。而在诗歌叙述的模式中，就不一定有非常具体的人物、时间和空间，只能用一些人称代词来表示，如我、他、你、我们、他们、你们，这些人称代词在诗歌中的使用，就带有一定的叙述意义。讲述一个场景或者一个事物，但同时可以把诗人内心世界里的想象空间、心理的变化用诗歌的语言呈现出来。叙事要更为具体、更加强调细节及前后逻辑，而叙述就不一定非得去用这些条条框框。很多诗歌都有叙述性，但不一定就是叙事诗。

抗战时期以及解放战争时期，根据地及解放区出现了大量的叙事诗，或许是和那时候的时代背景有关系。因为共产党要对老百姓进行宣传，要让他们懂得革命的道理，而当时的老百姓读书少，缺乏对文学的体悟能力，只能通过传统的叙事方式再融入一些民间的元素，如说书。赵树理就是一个善于利用民间资源的作家，他使用了老百姓的语言来写小说。李季的作品也是一个很好的例子，从今天的角度来看，他写的诗歌有点“土”，也没有运用新鲜的叙事手法，就是把革命的道理、自由恋爱的观念渗透陕北的信天游中，但老百姓觉得非常真实，而且喜欢看。李季的《王贵与李香香》是根据一个真实的故事改编的，当时李季在陕西基层当干部，他听说一对相爱的青年男女，由于地主从中破坏，以悲剧而告终。于是，他把这个故事写进了《王贵与李香香》中。与实际情况所不同的是，在党的帮助下，王贵与李香香终成眷属。两位说出了这样的话：“咱们为了革命，革命也是为了咱。”只有老百姓自己切实认识到革命的道理、婚姻自主的重要性，他们才会真正地去反抗。

这个故事的开头就彰显了叙事性：“公元一九三零年，有一件伤心事出在三边。人人都说三边有三宝，穷人多来富人少，一眼望不尽的老黄沙，哪块地不属地主家？”时间：1930年。地点：三边。事件：地主崔二爷收租。第二节介绍王贵。王贵的父亲叫王麻子，家境贫穷，所以王贵从小就给崔二爷当长工，给他干活。王贵既听话，又勤快，但是仍摆脱不了崔二的剥削。第三节介绍李香香。她没有母亲和兄弟，家中只有一个老父亲。香香长得漂亮，勤劳能干。头三节阐明了崔二爷、王贵、李香香三个主要人物的性格、家庭环境等。从第四节开始讲王贵和李香香两个人的爱情，王贵虽然家里穷，但是干活是个好后生，香香长得漂亮且不贪图富贵，她看中了王贵。两个青年男女之间的恋爱由此展开。但是崔二爷看上了香香，想尽方法把香香抢到手，在即将拜堂成亲时，王贵从外面回来了，把香香救出来，最终两人团圆。这个故事情节，基本上还是延续着拯救、团圆的传统模式来展开的，可以说是叙事诗的一个典型，比较符合老百姓的审美和爱好：才子佳人、英雄美女之间发生爱情故事，虽然有恶势力对其横加干涉，但最后的结局还是大团圆。

《王贵与李香香》是非常成功的叙事作品，今天要讲的是如何使诗歌叙述的诗性成为可能？什么叫作诗性？诗性就是让读者对诗歌产生兴趣，能够吸引读者，让读者感受到审美性的满足。一首诗如果没有给读者留下深刻印象，缺乏美感，那么这首诗就缺少诗性。一般来说，诗性要强调象征、暗示，虽然诗歌叙述语言偏口语化，聚焦于日常事物的描写，但这些日常场景是经过作者淘洗而成，注入了自己对人生、对生命的思考，这首诗就拥有了诗性。

下面来看这两首诗，比较一下成功的诗歌叙述和口水诗之间的差异：

红　提

我原来买红提买过60元一斤的，
还都是蔫蔫的，
那时候我想，
什么时候我能买到两元一斤的提子啊？
今天在新华路和花园路的街口，
我又遇到卖提子的，
真的两元一斤，
而且很新鲜，
我买了五斤回家。

这也是叙述，并且采用诗歌的方式呈现出来，它想表达什么深刻道理呢？整首诗读下来，感觉不出其中寓意，只是以流水账的方式，将没有任何象征与暗示性的话语阐释出来。这不是诗歌叙述，它欠缺诗性。再来看韩东的《山民》（节选）：

小时候，他问父亲
“山那边是什么”
父亲说“是山”
“那边的那边呢”
“山，还是山”
他不作声了，看着远处
山第一次使他这样疲倦。

这是一个小孩和父亲之间的对话，这种对话所表达的含义是什么呢？小孩问父亲山那边是什么，父亲告诉他是山。父亲眼中的世界全部由大山组成，山那边还是山，他从未走出去过，认为一辈子就应该居住在这里。作为“山民”就应该去适应这种生活。但是儿子渴望走出大山，想去山那边看看，而父亲的回答却让这个小孩感觉很失望，第一次对“山”这个每天看到的事物感到疲倦。虽然诗歌语言偏口语化，但其中还是有象征性、暗示性出现。从以上两首诗可以看出，韩东的《山民》比《红提》的诗歌更有诗性，诗歌叙述还是要限制在诗性的范围内，让读者在诗歌里感受到语言的魅力，体会其中意义。

我们再来看韩东的《写作》这首诗，叙述的就是一个写作的过程。一个晴朗的日子，“我”在屋里写作，往窗外一瞅，看见一个人在电线杆上，可能是在修电线。“我”向他笑了一下，“我”又继续写作。中间有两次，“我”抬起头来，伸手去书架上摸索香烟。中午以前他一直在那儿，“像只停在空中的小鸟 / 已经忘记了飞翔”。我们看到的情境也就是对日常生活的书写，诗人在写作的时候，有时伸手从书架上把香烟摸过来，有时向窗外望一望，看见那个人一直在那儿修电线，从未移动过。而当“我”终于写完最后一页，“这只鸟儿已不知去向 / 原来位置上甚至没有白云 / 一切空虚又甜美”。当韩东终于把作品写完的时候，他再往窗外看一下，那个人不知什么时候已经结束了自己的工作，离开了。韩东在完成整个写作过程的时候，窗外的修电线工人也完成了他的工作，写作过程其实和修电线的工作过程是相辅相成的。而且，我们看到“我”写作到最后一页的时候，窗外从一个有白云、有工人的场景，突然间变得空荡荡的、一无所有，这说明写作到最高境界的时候，所有的一切皆变成了空无。哲学家讲究虚实相生，有就是无，无就是有。而韩东作为一个哲学系毕业的诗人，他经常在诗歌中阐释对哲学的认识。虽然窗外已经“空虚”，但是整个过程非常充实，即“甜美”，以至韩东能够非常清晰地把这些细节在诗中描绘出来，将写作过程及他对于写作的思考过程结合在一起。

“诗到语言为止”是韩东早年提出的一个口号，诗歌和语言之间的关系，尤为复杂，如如何给口语诗设限？《写作》某种程度上是一首有深度的口语诗，写作的过程是孤独的，一个人在屋子里独自写作，孤独地探索着写作的意义，而外面修电线杆那个人呢，同样是一个人孤独地工作，他的周围是蓝天白云，他与自己的工作为伴，完成了自己的任务。所以我们看写作和修电线在某种程度上发生了联系，工人和作者之间也发生了关系，屋里和屋外，电线杆和钢笔，写作和修电线之间有了类同性，表现出了对写作的认识，对自我工作的想象。韩东是一个讲究哲理性的诗人，他强调语言的通俗性、口语性，但并不等于庸俗性。《红提》那首诗，偏口语化，只能把它定义为分行的流水账，顺口溜而已。而真正的口语诗人，非常注重一种场景性的建构、戏剧性的书写。何为戏剧性？像《雷雨》《日出》等，这些戏剧作品里面有着非常强的冲突和张力，同时具有强烈的立体感、空间性。我们通过演员的表演能够感受到整个故事的空间逻辑。而将这种场景感转移到诗歌写作上，能够感受到戏剧性在诗歌中的体现。比如，《写作》这首诗的场景性、戏剧性就非常强。人与人之间建立了关系，空间之间也形成了逻辑，窗内和窗外、房间里和电线杆上、静止与动态之间，都有一种相对的关系，这种哲理感不是所有人都能够呈现的。

专题九：现代诗的古典性

学生A：现代诗歌的古典性包括什么呢？第一，意象的古典性，如海子非常直接地将两只白鸽子比作“屈原的白鞋子”。第二，古典性包括思想和情感的古典性，与古典的诗歌有一些共通。比如，戈麦的《牡丹》中写道：“你的名字是洛阳，你的命运是黄昏。”第三，比较抽象且复杂的古典意识，如北岛的诗中写道：“人民在古老壁画上，默默地永生，默默地死去。”第四，古典的韵律融入了诗人的个人风格。

我们从诗歌的古典性角度赏析张枣的《镜中》这首诗歌，我先介绍一下张枣。张枣，一位南方的诗人，2010年因病去世。成名作有《镜中》《何人斯》。然后，我们来看《镜中》这首诗：

只要想起一生中后悔的事
梅花便落了下来
比如看她游泳到河的另一岸
比如登上一株松木梯子
危险的事固然美丽
不如看她骑马归来

面颊温暖

羞惭。低下头，回答着皇帝

一面镜子永远等候她

让她坐到镜中常坐的地方

望着窗外，只要想起一生中后悔的事

梅花便落满了南山

这首诗初看非常晦涩，不知具体想表达什么。我们一句一句地拆解来看，“只要想起一生中后悔的事 / 梅花便落了下来”，这句话很明显是朦胧诗的风格，断言式的叙述。首先，“落梅”这种景象在古诗词中很常见，如李煜的《清平乐·别来春半》：“砌下落梅如雪乱，拂了一身还满。”还有冯延巳的“梅落繁枝千万片”，这样一种落花的场景会激发古人敏感的情绪。“一生中后悔的事”和“梅花落”这两件事情是有先后顺序和逻辑关联的。“只要想起一生中后悔的事”，说明此时主人公的心绪非常低落，这种低落伴随着梅花落了下来，整首诗都在描写这样一种低落的情绪。这两句诗是以唐传奇《梅妃传》来架构的。梅妃是一个非常传奇的女子，她是唐玄宗的宠妃，之后因为杨玉环的到来导致了梅妃失宠。或许唐玄宗觉得过意不去，就送给梅妃一斛珍珠，但是梅妃赌气，拒绝了这斛珍珠，意思是你已经爱上别人了，就没有必要再把你的情感强加给我了。所以，第一句就体现出这种古典的意象、意蕴以及它整体的诗意架构。

再看这两句：“比如看她游泳到河的另一岸 / 比如登上一株松木梯子”，有很多种理解的方式：“看她游泳到河的另一岸”，可能是一种旅程，一种长久奔波后的成功，也可能是对“彼岸”的向往。“登上一株松木梯子”有一些退隐的意思，与长久奔波形成对比。李白曾提到过："身高青云低。""危险的事固然美丽"，如果换个语序："美丽的固然危险"，反而没有味道，因为前者突出的是危险的诱惑，而后者就有一种警示性。古代诗人的意象选择、人生选择，是一种诗性的选择，即便知道这种诗性危险，还是会选择它，这是他们的人生追求，甚至把生死的意象都变成文学上的意象。

"不如看她骑马归来 / 面颊温暖 / 羞惭。低下头，回答着皇帝。"这句可能是最令人烧脑的，虽然写的画面很传统，但是和上下文联系起来，就很难理解其意。首先，"皇帝"这个词就显得非常突兀、生硬，使这首诗从轻盈的风格变成了相对庄严、宏大的风格。诗写到这里，视角变得复杂起来。我们再看这首诗，第一句写的是"我"看"她"，第二句写的是"她"，后来又写到了"皇帝"，最后写到镜子里的视角，到底谁是真的，谁是虚的，这种转换，其实是作者对语言的尝试。张枣利用"皇帝"这个音节的变化，传达一种语言的试验性，来增加一首诗表现的艺术力。"一面镜子永远等候她 / 让她坐到镜中常坐的地方"，"镜子"也是一个常见的古典意象，也有不同的含义。比如，它可能表达的是别人在镜中对你的直接审视，也有可能是通过"历史"这面镜子来观察与评价。再到最后："望着窗外，只要想起一生中后悔的事 / 梅花便落满了南山。"首先，"南山"也是很常见的古典意象，象征着隐逸。实际上"南山"还是永恒的代表，它代表着永恒也会消灭，这是一种非常绝望的心绪。如果用一句古诗来概括这首诗，我不会用陶渊明的诗，因为陶渊明其实是焦虑的，而这首诗表达的情绪是放空的，我更喜欢用这两句来表达诗的意愿：一是元稹的"觉来不语到明坐，一夜洞庭湖水声"；二是姜夔的"沙河塘上春寒浅，看了游人缓缓归"，一种非常释然的情怀。虽然作者还是很悲伤，但是所有的心绪都化作了轻的梅花。

下面我们再赏析林庚的《北平自由诗》这首诗，林庚，是一位学者，他的人生履历都是和学术相关的。林庚的《北平自由诗》的形式与古典诗歌十分相近：

当玻璃窗子十分明亮的时候
当谈笑声音十分高朗的时候
当昨夜飓风吹过山东半岛时
北平有风风雨雨装饰了屋子

有一种解读认为这首诗中的人民是麻木的，即便风雨已至，北平人民还是谈笑声调十分高朗。但实际上这首诗的内蕴还是十分激昂的。首先要理解北平深厚的文化内涵，像老舍就有北平情结。北平其实是民族经历百般磨难之后仍然认同的文化象征。当时的时代背景非常特殊，日本侵略者已经占据了山东半岛，即将占据华北，可以说是“山雨欲来风满楼”，“飓风吹过山东半岛”，很可能指的是日本侵略者接下来对北平发动的军事行动。但即便是在这样一种残酷的现实下，北平仍然把这种风雨当成了“装饰”，谈笑声音穿透了玻璃，可见在危难时期，中华民族长期以来所酝酿的这种不屈的民族心态和民族内部的生命力，才是这首诗所要表达的真正含义，无论民族怎样，无论文学怎样，我们都永远保持“长风破浪会有时，直挂云帆济沧海”的斗志。

教师：现在很多诗人，既写现代诗，也写旧体诗。比如林庚，他的主要身份是一位古代文学研究者，他也写旧体诗，对中国的古典资源，如唐诗宋词、明清小说都有非常深入的研究。新文化运动以来的许多诗人接受的最初教育还是私塾教育，还是从古典诗词学起，只不过后来他们接触了新文学和现代诗。另外一类诗人，一开始写现代诗，后面由于种种原因又回到古典诗词的创作，如臧克家晚年时的主要成就还是旧体诗词。为什么很多现代诗人选择回归古典诗词？这是一个非常令人瞩目的现象。因为现代诗歌在自我发展阶段，与古典诗歌保持非常密切的联系。（学生 B：的确如此，古典诗歌在很多情况下格律是比较严谨的，现代诗从里面汲取了有关格律的资源）很多现代诗歌也讲究格律，如西渡的《悟雨》，就有比较强的韵律感，两句一换韵，韵脚的变化也非常明显。

有人把中国的现代诗歌与外国诗歌、古典诗歌的关系概括为：中国的现代诗对外国诗歌主要是横向的移植，如直接将西方的现代主义和象征主义拿过来用，叫作横向移植。而中国的历史非常久远，从诗经时代到明清，再到五四运动，从现代到当代，从远古到当下的时间流，可以说是纵向继承。中国的现代诗是站在纵坐标和横坐标这两个交叉点上，它并不是单纯学习西方，它对中国古典的传统也有相当程度的吸收和认识，并且我们对几千年以来的诗歌遗产也须进行科学的、理性的分析。学者赵思运专门研究现代诗人的旧体诗词写作，他设计了一个调查问卷，发给全国各地的诗人，调查古典诗歌对现代诗写作的影响，我也参与其中。我发现全国绝大多数诗人都承认古典诗词对现代诗歌发展的影响，甚至还有将近三分之一的诗人承认自己也开始尝试写作古典诗词，认为古典诗词对自己现代诗的写作也有一定的帮助。虽然他们不一定懂古代文学理论，也没有接受过正规的训练，但是他们仍然会读一些古典诗词。可以说，中国诗歌的现代性发展，还要依赖于中国传统的文化资源。

现代诗歌对古典诗歌的吸收和借鉴，最直接的还是意象。比如张枣的《镜中》，这里面就有非常明显的古典诗歌意象，如“梅花”“镜子”等唐诗中，另外还有很多20世纪30年代北平诗人也写到镜子，如何其芳、卞之琳等。虽然他们写镜子的目的各不相同，但是他们都不自觉地把镜子作为一个表现的对象。戴望舒的《雨巷》，深入阐释了“雨”和“丁香”两个意象，也和古典诗词有关系。“丁香空结雨中愁”，这是直接性的一种化用。闻一多的一些诗歌也是化用了古典的诗词，如《口供》中鸦背、夕阳。中国古典诗歌的意象确实非常多，如古典诗词中的桃花大多是正面的意象，象征着春天、美人、爱情等。但是在海子晚期的诗歌中，桃花是一个具有负面性的意象，象征着死亡、鲜血。可以说是对传统意象的一种变形、一种再发展。也可以这样认为，现代诗人并非原封不动地把古代诗歌意象搬到自己的诗句中，他们是有选择性地去选取，并且将它赋予现代性的含义。因为古典的意象，若不向前发展，就会成为死的意象。只有当它和现代人的情绪、需要结合在一起，才有用。

现代诗的风格各异：舒婷的作品属于偏暖的比较温和的；同时期的诗人北岛，诗歌风格偏冷、偏硬。一冷、一暖，一硬、一软，两种不同的诗风同时存在于同一时期的当代诗坛中。晚唐时期的温李、宋朝的姜吴虽然是分属于不同朝代的诗人，但他们的写作风格较为相近，都不属于豪放的诗人，作品所表达的情感偏个人化，有一种忧郁的感觉。这种诗风对20世纪30年代的北平诗人，如卞之琳、何其芳等有着较为深刻的影响。20世纪30年代的北平是一个摇摇欲坠的边城，尤其是1935年和1936年，那时候中国有很多地方都已经被日寇侵占，而很多北平人还过着悠然自得的生活，没有危机。北平的诗人们，则对现实有清醒的认识，但是身处大环境之中，他们有时也感到无奈，只能借助古典的意象和诗风来表达自己的情绪。他们对北平这座古城的情绪实际上是很复杂的，北平城有着田园诗一样的安逸生活，不过他们也能够感知到这种田园氛围，很快就要被战火侵袭。从古城意识到危城意识，其实有一定的转换，还要再结合林庚的写作，具体地来讲他对古典诗风的传承。

诗体的借鉴和传承的例子，最明显的是闻一多提出的“三美”：音乐美、建筑美、绘画美。这“三美”其实和中国古典格律诗有直接性的关系。中国的格律诗，无论是绝句还是律诗，都有固定的格式，讲究韵律、每行的字数。闻一多的诗歌《死水》中的押韵，每一行的字数，都是固定的，这就是来自中国古典诗歌的影响。郭小川发明了“新辞赋体”的诗歌句式。汉大赋的重要特点是铺陈扬厉，把一个事物从各个方面竭尽所能地进行书写，如《阿房宫赋》等。郭小川的诗歌，其实也有这样的特点，他把一个事物从各个方面、不同的角度进行反复书写，有的句子很长，所以叫它“新辞赋体”。还有一些白话小诗，如冰心、宗白华等诗人的作品和古代的绝句、小令之间也有诗体上的关系，小诗一般只有两三行或三四行，字数、行数非常少，这种诗行方面的借鉴也可以呈现出古今诗体之间的传承关系。因此，在分析一首诗的时候，除了分析它内在的内容、意象、结构，也要注意去分析押韵、换行等外在的形式。

主题方面，古今诗歌也有一定的联系。古代诗词的主题都比较鲜明，如爱国、送别、怀友、爱情、大自然、历史、生命等。我们以政治主题作为例证，古代诗歌中有很多作品都是政治性的主题，如“诗圣”杜甫，他的诗歌表现了忧国忧民的情怀，富有历史感。可以说，中国古代的诗歌总体上延续着儒家思想的传承，讲究入世，讲究关心社会、关心人民，体现爱国情感，很多诗人也是在这样的熏陶之下进行写作。中国的现代诗歌其实也有体现爱国传统的作品，尤其是在战争年代，人们更能感受到表达爱国感、民族感的迫切性。所以在诗歌大众化的发展历程中，为人民、为国家、为民族始终是诗人首选的主题。从20世纪30年代初的普罗诗歌，到后面发展的国防诗歌、抗战诗歌，沿着这条线下去，这些诗歌的政治性、主题性都非常明确。臧克家、艾青、田间、贺敬之、郭小川，他们的作品呈现出非常强烈的社会责任感。虽然有一段时间，诗歌受政治影响，出现了标语诗、口号诗等，但是从总体来看，诗歌大众化还是秉承着为人民的思路而发展，写诗不仅是关乎个人的事业和爱好，也是为了整个国家和人民。

另外就形式、手法的传承，如意象、意境的使用等，还有用典、互文，它们在现代诗歌中也得到了发展。上节课我们讲过叙述和叙事之间的关系。叙事诗早在中国古典诗歌中就出现了，从《诗经》开始，后面还有《孔雀东南飞》等一系列长诗；现代文学时期，有叙事诗《王贵与李香香》等，这种古今之间的传承就非常明显。再如用典，我们在分析古典诗词的时候，经常会讨论这首诗词用了什么典故，其实现代诗歌也有用典的。最后，意象、比兴、象征、意境这些非常熟悉的，这里不再赘述。

我们刚才讲的是现代诗歌对古代诗歌的继承，而在继承的前提下还要发展，如意象，讲到了镜子、梅花、桃花等古典意象，古典意象要得到发展，就要将它在现代诗中得到展示，要同时体现现代人的意识。《现代》杂志的发刊词中就讲道：什么叫作现代诗？现代诗就是要用现代的文字辞藻写现代人的生活、现代人的意识。古典的意象，肯定还是被赋予现代人的意识。关于叙述的问题，虽然古典诗歌中有叙事诗，但叙事和叙述不是一个概念，叙述并不是要讲出一个完整的故事。焦仲卿和刘兰芝之间的爱情悲剧是叙事；韩东的诗歌写作是叙述，而张枣的很多诗歌也用到了叙述。穆旦诗歌中的叙述人称有着丰富的变化，人称每变一次，所表达的情感、所要表达的内容也跟着转变，这种细节在现代诗歌分析中需要注意。

在诗体方面，古典诗歌有绝句、律诗等，但是在现代诗歌中，就不能完全按照绝句、律诗等固定的格律来发展。北岛有一首题为《生活》的诗只有一个字："网。"在古典诗歌中不可能出现这种情况。另外还有一些诗人更为前卫，甚至把诗歌文字转化为一些图案。这种诗体的创新都是适应现代社会的阅读方式。现在诗歌作品的排列与印刷方式与古代社会有很大不同，现在阅读更多的是电子版的作品。

现代诗歌在内容方面也进行了拓展，古代诗歌中的内容大多是自然的风景，写下雨、写落叶、写花、写水、写月亮等。而我们身处现代化的社会，诗人们很多时候都是从自己身边的一些日常事物来找寻灵感、找寻诗意。在传统看来没有诗意的东西，也能够被写进作品中。比如，打工诗人写制作手机、制作衣服、挖煤的过程等。

我们结合诗人的作品，来论述现代诗对古典诗词的发展。首先来看林庚的作品《北平自由诗》。先从诗体角度看，《北平自由诗》并不是完全"自由"的，林庚的自由诗只不过是没有特定的韵脚，但是他始终认为现代诗还是要遵循的一定的行数，如"四行诗"，每行九个字，每首诗四行，这就类似于古典诗歌格律的一种变形。我们知道，绝句、律诗每行是五个字或七个字，但林庚在此基础上发展了九言诗，每行九个字，这其实是一种继承与发展。

《北平自由诗》中出现了"风雨"的意象，从林庚的诗集《夜》《北平情歌》等作品可以看出，他是一个非常喜欢写风、写雨、写夜的诗人。《北平自由诗》中林庚所表达的情感，除了政治、社会因素之外，还有日常生活的体验。山东半岛夏天会有台风，在台风眼的中心，其实是不会刮风，也不会下雨的。而台风眼的周边往往会下大雨。也就是说，"当昨夜飓风吹过山东半岛时"，北平大概率是会下雨的。虽然北平和山东半岛在地理位置上有一定距离，但两个地方的确会因飓风这样的天气而产生联系。飓风吹过山东半岛，“北平有风风雨雨装饰了屋子”，这其实是一种相对性。而这首诗的前两句：“当玻璃窗子十分明亮的时候 / 当谈笑声音十分高朗的时候”，从一种比较明媚的氛围，转化到“北平有风风雨雨装饰了屋子”，可以说林庚在这首诗中要表现出的一种情绪的转变，一种现代人的意识。《北平自由诗》其实是林庚写作诗歌的一个标志性的产物。之前他一直在写“四行体”，一直在试验，而在《北平自由诗》之后，他认为“诗的方向便已经走到另外一条路上”。这一条路上如今仅有一首诗，他知道要另辟蹊径。在 20 世纪 50 年代，林庚仍然关注诗歌的格律，作为一个精通古典文学的学者，林庚认为诗歌还是要有格律，才能够称之为诗。除了林庚之外，20 世纪 30 年代，卞之琳、李广田、何其芳等很多北平诗人，都在做类似的事，把中国古典诗歌的氛围、意识、意象、语言、节奏等，与现代诗歌的表现形式结合在一起，呈现出“一古一今、一中一西”的写作方式。

林庚的另一首诗，也是他的“四行诗”的代表作——《北平（一）》：“北平虽然是今冬又多阴，/ 但仍有深高一线的天青，/ 我家的院子不觉已久了，/ 帘外深宵时不宁静的心。”想象一下，坐在四合院里，透过它的院墙，看到蓝天，看到冬日的阳光照射下来，一群鸽子带着鸽哨，呼啦啦地在天上飞，经霜的柿子树只留下几片叶子，小狗在院子里跑来跑去，这就是老北平给人的感觉。虽然天气很冷，但是在阳光明媚的院子里，仍然能够感受到生活的惬意和美好。《北平（二）》也能够体现出这种感觉：“冬风吹来时天蓝如海上，/ 北平的居民在边城古巷，/ 昨天的朋友从此去远方，/ 请勿告我以江南的惆怅。”这首诗有更强的现实感，一开始写的也是北平的天气：天空很蓝，阳光很好。但北平的居民却居住在“边城古巷”。北平为什么成了“边城”？这和北平当时的政治经济地位有关系。自从民国政府把首都从北平迁到南京之后，北平的政治地位、经济地位就开始下降。当时的北平就只剩下文化地位，被称为“文化城”。再者，1935 年，日本人其实已经对北平周边进行了侵略。因此，20 世纪 30 年代中期的北平是一座“边城”，也是一座“危城”。所以在诗中，林庚就写到危机感，虽然危机感是通过描写北平的“边城”气候而不经意透射出来的。“昨天的朋友从此去远方，/ 请勿告我以江南的惆怅。”这里还出现了一个与“边城”相对的意象“江南”，江南的风景、江南的氛围，与北平相比差别还是非常大的，在北平的环境中联想到江南，这里包含着诗人对现实和政治的忧虑。可见，林庚作为一个诗人，并不是“两耳不闻窗外事，一心只读圣贤书”。

张枣的诗歌《镜中》。这首诗其实并不是张枣最好的作品，但是在诗歌爱好者群体中，它的传诵度、流行度却很高。很多人都是通过《镜中》这首诗了解了张枣，就像很多人是通过《面朝大海，春暖花开》这首诗了解海子一样。很多诗人的代表性作品未必是水准最高的作品，但一定是在大众心目中流传度最高的。与此类似的，还有顾城的《一代人》、舒婷的《致橡树》、北岛的《回答》等。这些经典作品之所以能够被大众接受，一定是在某种程度上唤起了人们共同的意识。

首先来看标题，“镜子”这个意象，我们每天都照镜子，并且坐在镜子前化妆，是一个从古代到现代的女子共通的动作。但如果仅有镜子这个古典意象，可能还无法唤起我们共同的生活体验。于是，张枣进一步写道：“只要想起一生中后悔的事 / 梅花便落了下来。”这样的一种情感很微妙，一旦追忆之前的那些经历，想到一生中后悔的事情，梅花便纷纷飘落，大自然的氛围和个人的情感产生了呼应，即“物我相应”，这就给人一种心理上的美感。想象一下，当你坐在院子里回想起那些遥远的事情时，周围的风吹来，梅花纷纷落地，“梅花”这个古典的意象带给人的体验，是无法用具体的文字言说的美感。下面的诗句出现了一个人“她”，我们就会猜测“她”和诗歌的隐藏叙述者“我”之间是什么样的关系呢？“她”是不是“我”之前的恋人？因为“我”与“她”之间的关系，似乎十分亲密，如看“她”去游泳，游到河的另外一岸；看“她”登上一架松木梯子。“危险的事固然美丽 / 不如看她骑马归来”，我们可以把“危险的事”和上面那两句诗联系在一起。因为游泳从河的这一岸到对岸，看起来是一件很危险的事。还有登上一架松木梯子，攀登是一个非常危险的动作。但这些“危险的事”怎么会“美丽”呢？“危险”和“美丽”这两个词之间，似乎在语感上就造成了一种张力。事情虽然危险，但因为是由“她”而发起的，自然就带有一种美感。

“面颊温暖 / 羞惭。低下头，回答着皇帝”，这里的“皇帝”又是谁呢？这个词用得也很巧妙，因为“皇帝”可以用皇上、君王其他的词代替，但是都没有用。如果是“低下头回答着皇上”，就好像“她”是一个妃子、一个宫女，有一种很腐朽的、很俗的感觉。而“皇帝”这个词，无论是从声音方面，还是给人的视觉效果，都有一种威严、高贵的感觉。“皇帝”和“她”之间是一种什么样的关系？“我”作为旁观者，作为注视着“她”的人，难道“她”与“我”之间还有另外一种关系吗？这就让人感觉到有多重的可能性。“一面镜子永远等候她 / 让她坐到镜中常坐的地方”，你可以想象“她”独自坐在房间里，前面有一面镜子，“她”透过这面镜子可以看到窗外的事情，“镜子”和“她”之间又形成了一种关系。最后是“只要想起一生中后悔

的事 / 梅花便落满了南山”。这里“只要想起一生中后悔的事”和开头又形成了呼应，但是我们也会想到，这个“后悔的事”，是“她”想起的，还是故事的叙述者想起的？这又有另外的意义和考虑。从这首诗里，通过叙述者视角的变化，可以解构出很多的故事，使得这首诗呈现出一种“镜像”的结构，你通过“镜子”可以看到很多的角度，开头和结尾之间也是遥相呼应的感觉。你可以超脱于它所叙述的内容去理解，将它视为对诗歌写作过程的联想，或者把它叫作“元诗”。张枣一篇影响力较大的文章《朝向语言风景的危险旅行》，里面就提到“元诗”，就是关于诗歌的诗歌，关于诗歌写作、构思过程的作品。所以，我们也没有必要再去猜测“她”在诗人生活的过程中到底存不存在，“皇帝”到底指谁，“我”和“她”之间，“她”和“皇帝”之间到底是什么样的关系。“她”可能就只是一种语言性的试验，来体现作者对“元诗”概念的架构。

张枣读中学时开始写诗，在 20 世纪 80 年代，他已是“第三代诗人”的一个代表。他是湖南长沙人，在四川读大学，与柏桦、孙文波、钟鸣、翟永明一起被称为“巴蜀五君子”，某种程度上引领了“第三代”诗歌的潮流。张枣于 1986 年出国，在德国读博士学位，在那里待了很长一段时间。他在德国这种异国环境下写作，可以说是比较孤独的，肯定要克服很多的困难。但是，张枣在一种完全不同的语言环境中发现了中国古典的诗意，从而对很多的古典诗歌意象有过全新的演绎。张枣回国之后，在河南大学、中央民族大学当过老师，2010 年，张枣因肺癌去世。张枣的诗歌虽然数量不多，但是给读者的影响很大，可以说现在很多 80 后、90 后诗人，在写作时还在模仿张枣。

张枣认为：“历来就没有不属于某种传统的人，没有传统的人是不可思议的，至少会因寂寞和百无聊赖而死去。”因此，中国的传统文化在张枣的诗歌写作过程中得到了一种自觉的实践。张枣认为传统是一个大概念，并没有将其理解为唐诗宋词中那些常见的意象、氛围。张枣的博士论文被亚思明翻译出来，叫《现代性的追寻》。张枣在写博士论文的时候，他自觉地审视中国现代诗的发展历程及传统，他从鲁迅开始研究，一直写到“第三代诗人”。鲁迅和现代诗歌有什么关系呢？鲁迅的作品，我们读得较多的是他的小说、杂文，它给予中国现代诗人一种精神的力量和写作的经验。

我们再来看张枣的另一首诗——《惜别莫妮卡》：

莫妮卡，我有一道不解的谜
是不是每个人都牵着
一个一模一样的人，好比我和你
住在这个燕子往来的世界里
你看看春天的窗扉和宫殿
都会通向它们的另一面
还有里面的每件小东西
也正反反复复地毗连
莫妮卡，让我们还打一个比喻
好比今天不安的你
定会有另一个，也用嘴唇吻着
只是不来告别而已
莫妮卡，我不要你流泪和赌气
你看我已经看见了另一个你
正避开石头和烈焰

鳟鱼一样游在凉爽的水里

莫妮卡，你不会飞上天

你永远不会回到意大利

这首诗给人的感觉像是中西融合的产物，运用了很多夹杂西方色彩的词汇。例如，莫妮卡可以理解为一个外国的女性，带着异域的风情。另外，“鳟鱼”这个词语很少出现在中国传统的诗歌中。而这些陌生化的词中间穿插着一些我们熟悉的中国古典意象，如“燕子往来的世界”，将中国乡土田园的风光和外国的异域风情结合在一起。“莫妮卡，我有一道不解的谜”，莫妮卡好像是一个镜子般的结构，分裂为好几个不同的人。“莫妮卡，你不会飞上天 / 你永远不会回到意大利。”这似乎是写恋人之间的送别。《惜别莫妮卡》这首诗其实也给当代的歌手带来一些启示，如唱《漠河舞厅》的柳爽的一首歌就叫《莫妮卡》，尤其是“莫妮卡，我有一道不解的谜”这句诗，给柳爽的一种直接性的启示。其实，很多年轻的作家、诗人都从张枣这里获取到了一些经验。80后作家张悦然的小说《樱桃之远》，这个题目也是从张枣的诗歌中所发现的。从现在的角度看，张枣的作品已经进入了当代诗歌史的视野，他的传统也得到了延续。

最后，大家可以思考一下，对我们这些普通读者来说，在当下怎样再去看待现代诗歌的古典资源呢？（学生D：我认为还是要继续吸收借鉴古典资源，古为今用）我们举个流行歌曲的例子，目前流行的很多抖音歌曲都有“中国风”的感觉。而最早引领“中国风”的是周杰伦的《东风破》《青花瓷》，林俊杰的《江南》，许嵩的《断桥残雪》，其中都带有浓浓的“中国风”。但这些歌曲所借用的古典资源，大多是在意象方面，它所表现的可能还是现代人的情感。

专题十：现代诗的性别书写

学生 A：今天我为大家展示的是现代诗的性别书写。首先我们来了解一下什么是性别书写？在当下语境中，性别书写在某种程度上就是女性书写，大约在 20 世纪 80 年代引起了关注。性别书写是一些女性诗人在感应时代精神的前提下做出的一种敏锐的反应，在诗作中呼吁性别平等与女性的独立精神。因为男性话语权长期以来的压制，隐匿了女性自己独特的需求。

我们今天要讲的女诗人余秀华出生于 1976 年，她的代表作是众所周知的《穿越大半个中国去睡你》。这首诗很明显地表达了自己的欲望："睡和被睡其实差不多。"大家可以看到她写得赤裸裸，很直白地说明自己想要的是什么。因为这种赤裸裸表达，大家对余秀华的评价出现了两极化。一部分人觉得她特别庸俗，诗中对"性"毫不避讳的书写近似于流氓；另一部分人又觉得她很真实，能毫不保留地表达出自己的情感。编辑刘年曾评论余秀华："她的诗放在中国女诗人的诗歌中，就像把杀人犯放在一群大家闺秀里一样醒目，别人穿戴整齐、涂着脂粉、喷着香水、白纸黑字，闻不出一点汗味，唯独她烟熏火燎、泥沙俱下，字与字之间，还有明显的血污。"这正是余秀华与很多女诗人的不同，她的表达很真实，明白地告诉大家她想要表达什么，她从不隐晦地去谈自己的欲望。请同学 B 为大家朗读一下余秀华的诗作《我爱你》。

学生 B：

巴巴地活着，每天打水，煮饭，按时吃药
阳光好的时候就把自己放进去，像放一块陈皮
茶叶轮换着喝：菊花，茉莉，玫瑰，柠檬
这些美好的事物仿佛把我往春天的路上带
所以我一次次按住内心的雪
它们过于洁白，过于接近春天
在干净的院子里读你的诗歌
这人间情事　恍惚如突然飞过的麻雀儿
而光阴皎洁，我不适宜肝肠寸断
如果给你寄一本书，我不会寄给你诗歌
我要给你一本关于植物，关于庄稼的
告诉你稻子和稗子的区别
告诉你一棵稗子
提心吊胆的春天

学生 A：大家可以明显地看出《我爱你》跟《穿越大半个中国去睡你》很不一样。余秀华将爱情写得纯洁又美丽，还带有一点胆怯，与《穿越大半个中国去睡你》的大胆奔放形成了鲜明对照。我觉得《我爱你》跟余秀华自己的亲身经历有关，她是一个残疾人，她很渴望清晰地表达自己的欲望，但又碍于自己身体的残疾，或许会有一种自卑的心理。像这句话“如果给你寄一本书，我不会寄给你诗歌”，

大家能感受到她那种胆怯却又迫切希望表达出来的感情。“巴巴地活着，每天打水，煮饭，按时吃药”。这是余秀华平时生活的写照，她过着一种很平常的生活，内心却有一些不一样的追求：“阳光好的时候就把自己放进去，像放一块陈皮 / 茶叶轮换着喝：菊花，茉莉，玫瑰，柠檬 / 这些美好的事物仿佛把我往春天的路上带。”菊花、茉莉、玫瑰、柠檬，这些事物不是余秀华生活中的必需品，而是一种更高的追求。“这些美好的事物仿佛把我往春天的路上带”，春天是一个很美好的季节，它代表着希望，代表着作者自己内心对于一切的渴望。“所以我一次次按住内心的雪 / 它们过于洁白，过于接近春天 / 在干净的院子里读你的诗歌 / 这人间情事　恍惚如突然飞过的麻雀儿 / 而光阴皎洁，我不适宜肝肠寸断。”余秀华内心中有很多的情感，但没有办法直接表达，所以她“一次次按住内心的雪”，只能在内心不断地诉说：在这个有“你”的春天里，在干净的院子里读“你”的诗歌，这人间情事恍如突然飞过的麻雀儿，不知何来，不知何往，在这样美好而又有希望的季节里，“我”不应该肝肠寸断。“如果给你寄一本书，我不会寄给你诗歌 / 我要给你一本关于植物，关于庄稼的 / 告诉你稻子和稗子的区别 / 告诉你一棵稗子 / 提心吊胆的春天。”稻子和稗子在外表上没有很大的区别，但稻子是一种对人类有益的植物，而稗子作为野草会被割掉放在路边，让它自生自灭。其实我觉得“稗子”是余秀华对自身的隐喻，因为自己身体的残缺。她面对“稻子”会有一种自卑的心理，春天是美好的，“稗子”却因有时刻被剥夺生命的可能而“提心吊胆”。“我”想告诉心爱的人：“我”是多么爱你，害怕失去你，我“提心吊胆”，害怕如稗子一样的命运。她其实处于渴望表达爱，但是又害怕失去的矛盾心理。普通人可能会很直白地表达自己的爱意，但是对余秀华来说，则会有自卑的心理。这首诗我觉得更多的像是她对自己内心的书写，所以她把这首诗写得十分单纯又胆怯，反映了爱的矛盾心理，渴望表达又害怕表达。余秀华是以个人体验和生命经验客观展现出底层女性的生存之痛，以高而热的主体精神去展示人的尊严和价值。她从来不避讳去谈感情，很真实地告诉读者她在爱情中是自卑、有矛盾的，但是她希望告诉读者“一棵稗子提心吊胆的春天”，带领读者回到日常生活与个人记忆中。

教师：余秀华可以说是当下令人瞩目的一位诗人，她的诗集目前销量特别好，而且她个人自2015年以来至少出版了三本诗集、一本散文集，可以称得上高产。她从社会底层、湖北农村里走出来，除了她自身的努力外，她的成功也与诗歌给读者带来的感受分不开。在当下社会语境中，任何诗歌作品的成功，除了作者的写作水准之外，还需要读者的接受，说白了诗歌也进入了文学生产的过程。诗歌就像商品一样在市场上去出售，被读者接受，出版社编辑感到有市场，才会继续为作者出版诗集。余秀华为什么能够出名？她就是乡村里的一名普通农妇，但是在2014年的时候，《诗刊》编辑刘年发现了余秀华写的诗很不错，并且帮余秀华在正式出版物上发表了作品，她就被不少的读者知道，并借助互联网的威力，她的代表作《穿越大半个中国去睡你》便家喻户晓，微博的点击量、转发率达到了好几百万次，余秀华就这样一夜成名了。当然，很多人对余秀华的走红是有争议的，有些人觉得她只不过是网络时代的一个泡沫、一朵浪花，无意间被人发现了，并预言她不会红太久，但实际上从2014年到现在已经10年过去了，余秀华仍然活跃在诗坛上，她也拥有了大量粉丝。余秀华现象在一定程度上说明女性诗歌走到今天，已经比较成熟了，并且也生发出了很多新的现象。

关于女性诗歌的提出，还要论及诗歌评论家唐晓渡。唐晓渡虽然是男性，但是他对女性诗歌有着比较敏锐的观察，1987 年他提出了女性诗歌的概念。他所指的女性诗歌并不是仅指诗人的性别，而是作品要体现出特定的女性意识，区别于那种仅是抒发委婉的感情，温柔的、小家子气的诗歌。女性诗歌要表现女性的普遍的心理，女性的体验。翟永明的《女人》可以说是开辟了女性诗歌的先河，在她的笔下，女人不是委婉、柔弱的象征，而是阐释了很多女性内心的情感潜意识。甚至包括之前很多女性不敢表达的赤裸裸的情感，关于性、关于死亡的欲望，都已经非常清楚地被翟永明呈现出来了。可以说从翟永明这一代女诗人开始，女性诗歌的概念就浮出了水面。其实，在中国历史上，也出现过一些著名女诗人，如李清照，当然更多的还是一些不太知名的女诗人，因为在古代封建社会那种话语体制下，女性接受教育的机会特别少，很多女诗人的作品也没有得到流传。但是随着五四新文化运动的开展，女性走出了闺房，走上了社会，她们的受教育程度与思想觉悟在提高，我们所熟知的冰心、林徽因等女诗人便出现了。20 世纪七八十年代，出现了一些女诗人，如舒婷、翟永明、伊蕾等。进入 21 世纪，余秀华的诗歌呈现出不同于以往的女性诗歌的面貌，并且出现了一些更年轻的女诗人，80 后、90 后等。我们就要思考：所有的女性诗歌，古往今来的这些女性诗人，都要把它囊括在女性诗歌定义中吗？或者说对女性诗歌的这些定义，哪一种更具有说服力？

第一种概念，有些人认为所有女性诗人写的作品都可以算是女性诗歌，不管是古代的、现代的，中国的、外国的，还是农村的、城市的，只要是女性写的诗，就可以算是女性诗歌。当然，男诗人写给女性的，不算是女性诗歌，或者有些男诗人的诗风比较阴柔，写作口吻好像是女性，也不算作女性诗歌。第二种概念，有些人说女性诗歌要体现女性主义、女权主义意识，不过在西方来看，女权主义可能更多的是和政治联系在一起，认为男权社会的话语对女性来说是一种限制和障碍。所以她们要积极地去写作，用自己的文学作品来反抗男权，这就具有非常强的斗争意味和政治意味了。当然，我们不赞同使用暴力的语言，尤其是现在很多女性对女权的真正意义并不了解。第三种概念，有人认为女性诗歌是用来表现女性心理、女性经验的女性诗人作品，这是一种中性立场，它不关乎政治，不关乎所谓的女性、女权主义，它就是关心女性本身的经验问题。在日常生活中，女性的经验和男性相比还是有很大的不同，有的时候男女之间交流的障碍或者沟通方面的矛盾，是因为彼此的心理经验、认知有根本差异。有些经验是女性独有的，它在女诗人的作品中会表现出来。

提到20世纪七八十年代以来的中国女性诗歌的发展，我们不得不说到美国女诗人西尔维娅·普拉斯，她被称为自白派诗人的代表，诗歌特点是把内心的经验、内心的情绪以诗歌的方式呈现出来。西尔维娅·普拉斯在美国诗坛的地位非常高，是继艾米莉·狄金森和伊丽莎白·毕肖普之后最重要的女诗人。西尔维娅·普拉斯出生于1932年，创作出了很多优秀作品，不幸的是她于1963年自杀了，仅仅31岁。她的自杀令人感到震惊，不过在她的诗歌中有很多暗示死亡的描写，如“死是一种艺术，我干这个非常在行”。西尔维娅·普拉斯的父亲在她八岁生日后一周就不幸去世了，这件事情让她的心里蒙上了一层阴影，所以她在八九岁的时候就尝试着自杀，被家里人发现，拦下来了。但她在之后的20多年间仍不停地尝试着自杀，割腕、吃安眠药，但都被人及时发现并救治，她与美国著名男诗人休斯结婚，他们俩的结合被当时的舆论称为非常完美的一对，但即便如此，她仍然时常想着要结束自己的生命。后来他们的婚姻发生了变故，而婚姻的失败致使她还是选择以自杀的方式结束自己的生命，以这样一种极端的方式将自己的诗歌道路终止。

我们看到这样一种非常极端的方式，呈现出女性和死亡有的时候是紧密联系在一起，女性自杀的比率某种程度上比男性要高，这种情况就不得不引起我们的注意。像西尔维娅·普拉斯，在诗歌中所透露的死亡意识，她对死亡的理解，实际上影响到我国一些女诗人的写作。比如陆忆敏、翟永明等。回顾“朦胧诗”时期的女诗人，如舒婷等，她们对女性的认识、创作的女性诗歌从本质上来说还是比较传统的，写爱情、婚姻、家庭，还有一些主旋律的诗歌，像《祖国啊，我亲爱的祖国》等。舒婷的诗风相对而言还是非常柔和、温婉的，但是到了“后朦胧诗”阶段，即1985年之后，随着更为年青的一代女诗人走上历史舞台，女性诗歌的风格就发生了较大的变化。其中女诗人伊蕾，她就在诗歌中大胆地写出了“你不来和我同居”的句子。“同居”这个词语，很吸引眼球，涉及关于性、关于情感的元素。在诗里大胆地写“你不来和我同居”，将自身对于爱、对性的一种呼唤，赤裸裸地体现出来。当时很多人对伊蕾的作品非常震惊，但这正是女性思想进一步解放的预兆。其他的一些女诗人，像唐亚平、翟永明、张真，她们也都写了一些带有身体意味的作品，女性诗歌的写作由此进入了一个新的阶段，开始出现反传统的主题以及惊世骇俗的意象。女诗人们写到黑夜、死亡这些很沉重的意象，并且大胆地将自己身体的感觉呈现出来，在当时还是非常前卫的，挑战了传统的男性审美和男性权威。“你不来和我同居”，这样一种非常大胆的宣言，传统的大家闺秀绝对不敢这么写。所以，20世纪80年代后期90年代初期的女性诗歌基本上有这样几个特点：第一是自白性，与西尔维娅·普拉斯的自白派诗歌特点相近，在诗歌中呈现出“我”的体验，“我”的认识。第二，与自白性相关，既然是袒露自己的心声和欲望，那么就不可避免地涉及对身体欲望的张扬。有些人认为“欲望”只是男性的事情，实际上女性也有，只不过女性长期处于被压抑的语境之下，羞于谈“欲望”。到了 20 世纪 80 年代后期，随着经济文化的发展，女性的身体意识觉醒了。她们意识到自身的欲望，并通过诗歌、小说作品呈现出来。比如，林白、陈染的小说，就写到关于女性的欲望、女性的性心理。第三，与身体写作相关的就是所谓的“黑夜意识”。黑夜降临之后，我们感受到孤独，感受到一些白天所体会不到的情绪，性心理往往也是在黑夜中产生的。因此，黑夜成为女性表现个人的欲望、个体的心理的一种媒介，借助黑夜意象，女诗人能够大胆地吐露心扉。另外，与黑夜意识相关的还有对死亡的想象，诗人借助死亡这个意象来表达自己对生命的一种独特体验：当你在濒临死亡的时候，你才感觉到自己的人生是多么美好，生活是多么短暂。死亡、爱与性有时是浑然一体的。女诗人写到死亡，不是她真的就想结束自己的生命，不一定她就对人生绝望，而是她在写死亡的时候，也在阐释自己对生命的独特体验。这些特点都是之前很多女性诗歌所不具备的。

我们先看 20 世纪 80 年代的女诗人陆忆敏，她是怎样来写女性、写死亡的——《美国妇女杂志》：

从此窗望出去
你知道，应有尽有
无花的树下，你看看
那群生动的人

把发辫绕上右鬓的

把头发披覆脸颊的
目光板直的，或讥诮的女士
你认认那群人，一个一个

谁曾经是我？
谁是我的一天，一个秋天的日子
谁是我的一个春天和几个春天
谁？曾经是我

我们不时地倒向尘埃或奔来奔去
挟着词典，翻到死亡这一页
我们剪贴这个词，刺绣这个字眼
拆开它的九个笔划又装上

人们看着这场忙碌
看了几个世纪了
他们夸我们干得好，勇敢，镇定
他们就这样描述

你认认那群人
谁曾经是我
我站在你跟前
已洗手不干

这首诗，诗人通过一本杂志来了解美国妇女。这本杂志就相当于中国女性来了解美国的一个窗口。所以诗人从“此窗”望出去，就看到的了“你知道，应有尽有 / 无花的树下，你看看 / 那群生动的人”。通过这本杂志，诗人看到了美国妇女的种种生活状态。但是“树”是“无花的树”，在“无花的树”下，却是“那群生动的人”。这种感觉就让人很奇怪，说明“生动”，有可能并不是真的，而是在“无花的树”下呈现出来的一种单调的感觉。“生动”可能只存在于想象之中。那些美国妇女是什么样子的呢？“把发辫绕上右鬓的 / 把头发披覆脸颊的 / 目光板直的，或讥诮的女士。”可以说，这些美国妇女的状态似乎和中国的女性也没有什么不同。这些妇女看上去打扮得千姿百态，有的披着头发，有的扎着辫子，但是她们的目光或呆板，或讥诮，这都是与“无花的树”相对应，似乎就没有太多的生命力。由此就能看出，无论是美国妇女，还是中国的女性，可能都面临着相同的困境。

从《美国妇女杂志》中，陆忆敏观察到自身的命运：“你认认那群人，一个一个 / 谁曾经是我？”“谁是我的一天，一个秋天的日子 / 谁是我的一个春天和几个春天 / 谁？曾经是我”，看到这些美国妇女的生活，你能联想到自己的生活，她们的命运也是“我”——陆忆敏作为一个中国女性的命运。“我们不时地倒向尘埃或奔来奔去 / 挟着词典，翻着死亡这一页 / 我们剪贴这个词，刺绣这个字眼 / 拆开它的九个笔划又装上”，这里可以展现出陆忆敏对死亡的想象：“死亡”正好是九个笔画。“人们看着这场忙碌 / 看了几个世纪了 / 他们夸我们干得好，勇敢，镇定 / 他们就这样描述”，“他们”和“我们”之间是什么关系呢？如果“我们”是向死亡奔波的一些女性的话，“他们”又是谁？我们在此可以理解为“他们”“人们”指的就是男性。其实，在很长的几个世纪以来，女性的生存像蝼蚁一样渺小，“人们”“他们”对女性的认识是不友好的，女性在男性的心目中存在一些刻板印象。即便现在已经是21世纪了，网上还有很多歧视女性、制造性别对立的言论，还有“铁链女”这样的事件发生。而“我”虽然是接受过高等教育的诗人，但毕竟还是一个普通的女性，和其他女性的命运也是一样的：“你认认那群人，谁曾经是我，我站在你跟前，已洗手不干。”“我”不停地在问“谁曾经是我”，“我”的自我意识、独立的思考在哪儿？而且她在面对一个男性，比如说诗中最后一句所出现的“你”的时候，她坚决地说出“我站在你跟前/已洗手不干”。这个“你”可以认为是这首诗歌中呈现的“我”所爱的那个男性，“我”站在“你”的面前，“我”的存在是独立而坚决的。

陆忆敏并不是强烈的女权主义者，她只是在诗歌中体现出她对女性自身命运的一种思考、对死亡的一种认识。她的一首比较有名的诗叫《死亡是一种球形糖果》。“球形糖果”很甜美的东西，然而和死亡结合在一起，就能看出女诗人对于死亡的认识。在面对死亡时，无论是美国的妇女，还是中国的妇女，并没有什么区别。西尔维娅·普拉斯的小说《钟形罩》这本小说中，她所呈现的女主人公就像活在一个罩子之中，感受到来自社会对她方方面面的压力。女性的生存困境的确令人深思。女性不仅要关心国家、民族的命运，还要关心家庭的冷暖安危，也就是说我们现在的社会对女性命运的关注可能还要再加强，这一点从余秀华的诗歌中能够更加清晰地看到。

余秀华是一个出身于农村的女诗人，更不幸的是，她从小身体就出现了问题，即便是在成年之后，她说话也不是很流利，走路也很费劲。她给自己的第一本诗集起名为《摇摇晃晃的人间》，我们就能看出她的现实生存状态。而她把写诗当作自己的信仰，当作自己“生存在世上的一根拐杖”，因此她能够顽强地活到现在，追求自己的诗歌梦想。可以说，余秀华是非常独立、坚强的。不过，也有很多人对她提出了质疑，其中最重要的一点就是她的婚姻问题。有人说，“余秀华你出名了，出版了诗集，赚大钱了，就抛弃你的丈夫，和他离婚，是不道德的”。实际上，余秀华和她前夫之间的确没有什么共同语言，她和前夫并不是自由恋爱相结合的夫妻，是因为余秀华的父母觉得余秀华身体不好，应该找一个人来照顾，于是就找了一个上门女婿。余秀华喜欢用电脑写诗，在她的前夫看来，这就是不务正业，觉得余秀华是闹着玩，想出名想疯了。余秀华和她前夫之间经常为人生观、价值观的事情而争吵，可以说两人之间没有什么爱情、幸福可言。余秀华也好，还是她的前夫也好，在这段婚姻中似乎都没有什么问题，只不过这样的事件被公众的眼光放大以后，变成了一个讨论的焦点。余秀华其实是一个相对而言比较单纯的人，她在微博上经常发表一些直率的言论，这也是和她敢爱敢恨的性格有关的。

《我爱你》这首诗，其实是余秀华爱情观的一种大胆呈现，她自身的生活状态是什么呢？“巴巴地活着，每天打水，煮饭，按时吃药/阳光好的时候就把自己放进去，像放一块陈皮”，余秀华把自己比作一块陈皮，可见她对自己的生存状态有非常清晰的定位。“茶叶轮换着喝：菊花，茉莉，玫瑰，柠檬/这些美好的事物仿佛把我往春天的路上带”，菊花、茉莉、玫瑰、柠檬这些词语和陈皮之间形成非常明显的对比，这些“美好的事物”在现实生活中似乎是不属于余秀华的，它和余秀华作为陈皮的生存状态是格格不入的，但是这不能阻碍余秀华对美好生活的向往，对于爱情的自我呈现。所以，她开始书写她自己“内心的雪”，写到它们“过于洁白，过于接近春天”，也写到自己在院子里读诗的状态：“我要给你一本关于植物，关于庄稼的/告诉你稻子和稗子的区别/告诉你一棵稗子/提心吊胆的春天。”余秀华把自己比作“一棵稗子”，稗子和稻子这种农作物外观长得很像，却有野草和农作物的本质区别。在南方的农田里，农民都在尽力地在稻田中除掉稗子，只留下稻子，余秀华作为“一棵稗子”，她仍然坚强地活着，并且提心吊胆着活在春天里，因为余秀华是一个残疾人，在日常生活方面遇到了很多困难，甚至有些自卑，但是这并不能妨碍她对爱情、对正常人生活的一种向往，她对欲望的追求、书写，是毫不掩饰的。

现在很多女诗人都称为“美女诗人”，而余秀华的外表并不美，甚至还有点残缺，这并不妨碍她正常地享受生活、书写生活。因而让我们反思，女性的诗歌难道只有写死亡、思考形而上的事情才算是女性写作吗？女性也可以正常地写自己的日常生活细节，如“巴巴地活着，每天打水，煮饭，按时吃药”，这些都是反诗意的场景，但是余秀华就善于从这样的生活中提炼出诗意。我们的生活现在最欠缺的可能就是对幸福的感受，因为生活中琐碎的事情可能占据大部分，我们要善于从这些日常的、琐碎的生活中去发现微小的幸福所在，这样，我们的生活才有诗意。

参考文献

[1] 陈超 . 中国探索诗鉴赏辞典 [M]. 石家庄：河北人民出版社，1989.

[2] 朱光灿 . 中国现代诗歌史 [M]. 济南：山东大学出版社，2000.

[3] 龙泉明 . 中国新诗名作导读 [M]. 武汉：长江文艺出版社，2003.

[4] 李怡 . 中国现代诗歌欣赏 [M]. 北京：高等教育出版社，2004.

[5] 王家新 . 中外现代诗歌欣赏 [M]. 北京：语文出版社，2010.

[6] 孙玉石 . 中国现代诗导读（1937—1949）[M]. 北京：北京大学出版社，2007.

[7] 孙玉石 . 中国现代诗导读（穆旦卷）[M]. 北京：北京大学出版社，2007.

[8] 孙玉石 . 中国现代诗导读（1917—1937）[M]. 北京：北京大学出版社，2008.

[9] 洪子诚，刘登翰 . 中国当代新诗史（修订版）[M]. 北京：

北京大学出版社，2005.

［10］钱理群，洪子诚主编．姜涛编．诗歌读本·大学卷［M］．桂林：广西师范大学出版社，2010.

［11］钱理群，洪子诚主编．张桃洲，徐志伟编．诗歌读本·高中卷［M］．桂林：广西师范大学出版社，2010.

［12］钱理群，洪子诚主编．西渡编．诗歌读本·初中卷［M］．桂林：广西师范大学出版社，2010.

［13］洪子诚．在北大课堂读诗（修订版）［M］．北京：北京大学出版社，2014.

［14］孙玉石．新诗十讲［M］．北京：中信出版社，2015.

［15］刘永丽．中国现当代新诗文本细读［M］．北京：中国社会科学出版社，2016.

［16］段从学．新诗文本细读十三章［M］．北京：清华大学出版社，2017.

［17］张桃洲．中国当代诗歌简史（1968—2003）［M］．北京：中国青年出版社，2018.

［18］邓招华．现代新诗文本细读与诗学阐释［M］．北京：人民出版社，2018.

［19］钱理群，洪子诚主编．西渡选编．未名诗歌分级读本·中学卷 1［M］．南京：江苏凤凰少年儿童出版社，2020.

［20］钱理群，洪子诚主编．张桃洲选编．未名诗歌分级读本·中学卷 2［M］．南京：江苏凤凰少年儿童出版社，2020.

［21］张德强．阅读新诗［M］．北京：北京大学出版社，2021.

［22］王志军．进入诗歌——关于读诗和写诗的六堂课［M］．南宁：广西人民出版社，2022.

[23] 廖伟棠.我偏爱读诗的荒谬——现代诗的三十堂课[M].北京：北京燕山出版社，2022.

[24] 程一身.读诗课[M].文津出版社，2022.

[25] 陈超.未来的旧录像带——陈超诗学讲座[M].西宁：青海民族出版社，2022.

[26] 吴昊.当代诗歌细读的可能性——评洪子诚《在北大课堂读诗（修订版）》[J].海南师范大学学报（社会科学版），2015（12）.

[27] 吴昊，王欣欣.感受视听美感，体验时空变幻——读穆旦《我看》兼谈中学生现代诗细读[J].学语文，2021（4）.

[28] 张桃洲."解诗学"视域下的新诗阅读问题[J].文艺研究，2022（3）.

[29] 张桃洲.新诗教育的困境及可能[J].华中师范大学学报（人文社会科学版），2023（2）.

[30] 林喜杰.群体性解读与想象——新诗教育研究[D].北京：首都师范大学，2007.

附录一：

“现代诗歌研究”课程与廊坊市初中语文教学衔接研究

吴　昊

中学新诗教育历来是争论不休的话题。1999年，《星星》诗刊曾推出《下世纪学生读什么诗——关于中国新诗教材的讨论》这一栏目，引发了新诗研究者、中学语文教师有关新诗教学的热烈讨论，涉及语文教材中的新诗篇目、新诗教学究竟是重教化还是重审美、怎样进行新诗教学等若干重要问题。虽然此次讨论在一定程度上促进了中学语文教材的新诗篇目改革，但从实际教学效果来看，新诗教育仍然是中学语文的短板，这与当下的应试教育体制、教师的教学理念、大众文化影响等因素有较大关联。为了改变这种现状，廊坊师范学院文学院开设了“现代诗歌研究”课程，旨在通过培养师范生的新诗鉴赏与教学能力，为廊坊市的初中语文教学储备人才，实现廊坊师范学院与廊坊市初中在新诗教学方面的衔接，并以此为目标。“现代诗歌研究”需要在课程目标、课程及考核大纲、教学方法等方面充分考虑到初中新诗教学的需求。同时，廊坊初中语文教师也要及时转变教学思路，充分重视中学新诗教育的审美性，通过双方的共同努力，打造廊坊市初中语文“金课”，培养初中生的审美鉴赏能力。

一、廊坊市初中新诗教学的短板与成因

为了更全面地了解廊坊市初中新诗教学的现状，项目研究者通过“问卷星”平台对廊坊市某初中的三个年级共150名学生进行了问卷调查。统计结果显示，“喜欢并且愿意了解新诗深刻内涵”的学生占49.01%，对新诗“没什么感觉”的学生占41.72%，“不喜欢”新诗的学生占9.27%。至于新诗知识的学习频率，35.76%的学生表示每周学习1课时，37.09%的学生表示每月学习1—3课时，18.54%的学生表示每学期学习1课时，8.61%的学生表示几乎从未进行过新诗知识的学习。而在学习过新诗知识的学生中，48.34%的学生表示“非常认真学习，会经常与老师互动”，43.71%的学生表示“比较认真，偶尔开小差”，7.95%的学生表示“经常开小差”。在课后阅读新诗的频率方面，46.42%的学生表示自己会在课后经常阅读新诗，44.37%的学生表示偶尔会在课后阅读新诗，9.21%的学生表示几乎从未进行过任何课后阅读。36.42%的学生认为新诗“很好理解”，54.97%的学生认为理解新诗“有点困难”，8.61%的学生认为理解新诗“非常有难度”。通过这些数据不难看出，廊坊市的初中新诗教学效果不够理想，存在一定短板。在与部分初中生面谈时，有些学生对“什么是新诗”表示茫然，还有的学生表示诗歌作品属于“课外书”，一旦老师发现，就会被没收。这种现状让研究者感到担忧。

实际上，通过阅读中国知网收录的有关中学新诗教育的期刊论

文、硕博学位论文，能够看出国内中学普遍面临新诗教育的困境，廊坊市初中的新诗教学现状只不过是全国情况的缩影。最主要的因素或许是目前的应试教育体制，中、高考基本不涉及与新诗相关的题目，因此教师会选择少讲或不讲教材中的新诗，把教学时间留给其他篇目。尤其是在“衡水模式”影响下，语文教育呈现出一定的功利性。调研过程中有学生表示“老师会先讲教材中的文言文”，因为这部分在中考试题中分数占比较大。这也从一定程度上反映部分教师对新诗教学的理解较为浅薄，乃至于47.44%的学生在提到“不认真学新诗”的原因时，表示是因为“老师讲课没有吸引力”。当问到廊坊市初中语文教师在进行新诗教学时存在哪些具体问题时，学生做了回答：“教学重点单纯以考试为目的”“教师自身对新诗缺乏研究”“教授模式单一，与教散文的方式没有区别”。这些可谓初中新诗教学的普遍痛点。此外，初中新诗教学存在的问题，也与21世纪以来大众文化的盛行有关。新诗“不景气”的社会舆论甚嚣尘上，并且随着网络的兴起，游戏、影视、流行歌曲、网络小说对青少年的生活方式产生了重要影响，这也是导致初中生课后很少进行新诗阅读的因素。

总之，廊坊市初中新诗教学存在短板的原因是多方面的，同时反映出目前国内中学新诗教育的普遍问题。但这并不意味着廊坊市初中不重视新诗教育，在一次廊坊师范学院中文系培养方案修订会上，廊坊市某初中语文骨干教师就感叹道：“新诗教育确实很重要，但我们目前缺少有效的教学方法。”受制于当下的教育体制，初中新诗教学无法在考试分数方面“突围”，但至少可以改进教学方法，向高校新诗教学“取经”。

二、廊坊师范学院"现代诗歌研究"课程的实践

廊坊师范学院中文系有着较为悠久的新诗教学与研究传统，早在20世纪80年代，苗雨时教授就积极投身于新诗教学工作中。苗雨时教授的新诗教育不仅限于课堂教学，他通过创办《雨时诗刊》、举办诗歌研讨会和诗歌讲座、成立"雨时诗歌工作室"、开通"雨时博客"、担任诗歌朗诵比赛评委等途径，全方面、多角度地开展新诗教育实践，不仅使廊坊师范学院的在校本科生受益匪浅，而且廊坊市的中小学生也从苗雨时教授的新诗教育实践中感受到了诗歌的魅力。在苗雨时教授的影响下，廊坊师范学院中文系先后有多位教师走上诗歌创作、批评之路，形成了良好的新诗教学氛围，在京津冀地区具有一定的知名度。

"现代诗歌研究"课程也是在苗雨时教授的支持下开设的。该选修课的主讲教师自本科起便从事新诗研究，先后受教于国内知名诗歌评论家孙基林教授和张桃洲教授，于首都师范大学获得博士学位，发表多篇新诗研究论文，主持多项与新诗研究相关的省厅级项目。"现代诗歌研究"是为中文系本科生开设的专业选修课，被安排于第四学期，32学时，2学分。在开课之前学生已经完成了"中国现代文学""中国当代文学"的课程学习，具备了一定的现代诗歌知识。"现代诗歌研究"的课程目标不仅可以让学生了解中国现当代诗歌史的脉络，更重要的是让学生掌握鉴赏新诗的方法，获得新诗教学的技能。因为廊坊师范学院中文系的大多数学生毕业后都会走上中学语文教师岗位，他们对新诗知识的理解和掌握程度关乎中学新诗教育未来的发展。"现代诗歌研究"的课程安排如下：第一周，介绍新诗的概念、新诗与古典诗词的异同、举例说明新诗细读的方法；第二周至第六

周，为学生梳理20世纪20年代至90年代新诗发展的脉络，重点介绍代表性诗人和诗歌流派；第七周至第十六周，围绕新诗的歧义性、风格、意象、韵律、抒情风格、结构与层次、修辞、叙述性、古典性、性别书写十个专题，将学生分为十个小组，每个小组解读一至两首代表性诗作。每堂课开始，学生先进行课堂展示和小组讨论，教师随后进行点评和深度讲解，并启发学生对新诗专题做进一步思考。由于是选修课，“现代诗歌研究”的考核方式为考查，平时成绩占总成绩的40%，主要包括课堂考勤、分组展示、评论作业等内容；期末成绩占总成绩的60%，主要考查学生细读新诗与撰写新诗教案的能力。经过三轮授课的检验，“现代诗歌研究”取得了较为良好的教学效果。选课人数逐渐增加，学生的学习积极性逐步增强，基本掌握了新诗细读的方法，初步具备了新诗教学的技能。2019级中文系有5名学生在《雨时诗刊》上发表了新诗细读文章，1名学生在《文化产业》杂志上发表了新诗研究论文。主讲教师发表了新诗教改论文2篇，主持了新诗校级教改课题3项，逐步实现教学与科研的结合。2022年，主讲教师获得了廊坊师范学院2021—2022学年教学质量考核优秀，进一步验证了“现代诗歌研究”课程的成功。

值得注意的是，“现代诗歌研究”在授课过程中，充分考虑到初中语文教学的需求，一是重点讲解初中语文教材中的新诗篇目，如艾青的《我爱这土地》、戴望舒的《萧红墓畔口占》、穆旦的《我看》、舒婷的《祖国啊，我亲爱的祖国》等；二是将教师讲授与学生自主阅读相结合，培养学生细读新诗、讲解新诗的能力。事实证明，这样的做法切实有效，为廊坊市初中新诗教学提供了可供参考的例证。

三、“现代诗歌研究”课程与廊坊市初中新诗教学的互动设想

张桃洲教授认为：“可以区分出两种功能和形态的新诗教育：一种是纳入程式化的学校教育机制、与其他文类教育无差别的新诗教育；一种是个性化的、‘非应试’的新诗教育。后者的意义在于打破环绕在新诗和教育周围的双重樊篱，将新诗教育还原为一种广义的教育，即通过各种历练、实践对个体身心进行自我完善，而读诗和写诗是其中一种灵活、便捷的方式。”在当下的教育环境中，如果将廊坊市初中的新诗教学完全纳入程式化教育的范畴，似乎有点不太现实，因为无论学校、教师怎么努力，都无法改变现有的考试制度，新诗仍然缺席中考试题。但如果将新诗教育视为一种个性化的、“非应试”的教育，以培养学生的诗性审美能力作为新诗教育的目标，廊坊市初中的新诗教学完全可以与廊坊师范学院的新诗教学开展互动，实现双方在教育方面的共赢。

长期以来，高校新诗教学与中学新诗教学似乎“各成体系”，缺少交流。打破这一局面，是双方互动合作的前提。最直接的途径，就是高校教师与廊坊市初中语文教师到彼此学校相互听课，课后就授课内容、教学方法、教学氛围等问题进行交流与讨论，取长补短。或者定期召开座谈会，高校教师与初中语文教师一起磨课、商讨，共同提高。在这个过程中，初中语文教师要改变“考试不考就不教”的功利思维，将新诗教学视为审美教育的重要部分，并积极寻求适合初中生的教学方式。调查问卷显示，廊坊市初中生普遍希望语文教师“多开展双边互动，提高学生课堂参与率，提高学生新诗学习兴趣”“在新诗课堂中加以延伸，融入流行性因素，提高学生学习兴趣”“提升自身对新诗作品研究、鉴赏的能力，为教学活动积淀深厚底蕴”“在

教学中借助多媒体形式，通过分角色朗读、教师学生分层次朗读等形式，增强学生感悟诗歌意境能力”等，这就要求语文教师首先自身要增强对新诗的认识，多读一些经典新诗作品与研究性论文、著作，课堂教学才会“有话可说”。其次，语文教师在备课时要考虑到新诗不同于散文、小说的特点，以朗诵作为重要的教学手段，提高学生的课堂参与意识。结合历史知识阐释作品创作背景，引导学生挖掘新诗的风格、意象、韵律等重要元素，加强师生互动。或者可以采取“非课堂”的教学方式，利用课余时间组织学生进行诗歌朗诵比赛，请高校教师、诗人为学生开办诗歌讲座等，拓展新诗教学活动的空间。再次，语文教师要鼓励学生课外自主阅读一些拓展性新诗读物，如经典性的诗人诗集、学者所编新诗读本等，让学生在阅读中获得愉悦的情感体验，提高其审美能力。最后，语文教师要鼓励学生进行诗歌创作，及时发现具有诗歌创作天赋的学生，必要时可以请高校教师、诗人予以指导。

廊坊师范学院中文系与廊坊市初中在新诗方面的合作与交流，已经有一些可供参考的典范。比如，苗雨时教授、许振东教授担任由固安县教育体育局、固安县作家协会、固安县英才教育集团联合发起并共同主办的“英才杯”全国中学生诗歌大赛的初赛评委，选出了廊坊市初中生的优秀诗歌作品。由此可见，新诗与初中校园之间并没有隔阂，新诗教学应当成为初中语文教学中的重要一部分。廊坊市初中应当加强与廊坊师范学院中文系在新诗鉴赏、创作方面的教学合作，使得“现代诗歌研究”课程与廊坊市初中语文教学形成密切的衔接，改进初中语文教师的教学，提升学生的学习质量，通过潜移默化的方式培养学生的审美能力。

（原载《语文教学之友》2024 年第 1 期）

附录二：

河北省高校诗歌文化建设研究

——以京津冀协同发展为背景

吴　昊　王雪倩　张凯成

诗歌是中华民族优秀传统文化的一部分，河北省有深远的诗歌传统。著名诗人郁葱认为："《诗经》的抒情高度，'燕赵风骨'和'慷慨悲歌'的精神高度，是燕赵文学两座不可逾越的高峰。"[①] 在这几种诗歌传统的影响下，河北新诗也以卓越的艺术风姿，在百年的历史中留下了一个个闪亮的名字：李大钊、冯至、王亚平、曼晴、田间、郭小川、陈辉、李瑛、刘章、刘小放、边国政、张学梦、郁葱、陈超、大解、伊蕾、韩文戈、刘向东……在诗歌理论研究与批评方面，苗雨时、陈超、霍俊明、刘波、王永、李建周、薛梅等也写下了各有特色的诗歌理论文章与著作，充实了中国新诗理论建设的队伍。如今，河北诗歌又呈现出了崭新的面貌，"燕赵七子"这个称号的提出便体现

① 中国诗歌网（https://www.zgshige.com/c/2018-03-07/5584894.shtml）

了河北诗人与新时代接轨的迫切愿望。

由此可见，河北省有着历史悠久、丰富多彩的诗歌文化，需要得到继承与发展。而高校作为文化建设的生力军，也有必要在河北诗歌文化建设中发挥积极作用。诗歌文化是高校文化中不可缺少的一部分，对诗歌文化的重视不仅有利于促进高校校园文化的建设，更有利于提高大学生的文学修养，丰富大学生的校园生活。从这些情况来看，对河北高校诗歌文化的现状进行梳理，找出其中的不足是有必要的。在京津冀协同发展的时代大背景下，河北省高校可以利用地缘优势，充分学习京津两地高校的宝贵经验，加强与京津高校的交流，弥补自身不足。从而更好地让诗歌走进河北校园，使河北高校文化建设与时代接轨，走在国内高校的前列。

一、河北高校诗歌文化建设的当下现状

从目前情况来看，河北各高校诗歌文化建设水平并不一致。发展较为成熟的高校主要有河北大学、河北师范大学、廊坊师范学院、邢台学院等。河北大学的雷武铃教授是一位诗人与诗歌翻译者，出版的诗集有《赞颂》，翻译了希尼诗集《区线与环线》《踏脚石：希尼访谈录》。雷武铃教授还长期致力于校园诗人的挖掘，培养出了刘巨文、王强、王志军、谢笠知等在诗坛崭露头角的年轻诗人，形成了以《相遇》诗刊为核心的河北大学诗人群。这些校园诗人在写作中擅长使用戏剧独白，并以河北方言入诗；题材方面也具有较强的河北乡土气息。周伟驰认为，雷武铃对河北大学校园诗人的发现是一种“诗歌

写作师徒制”[①]的实践，师生间形成了密切的诗歌友谊，这在国内高校是不多见的。如果说雷武铃主要从诗歌写作方面对学生产生重要影响的话，陈超对河北师范大学学生的启迪则主要源于他对诗歌理论的研究与教学。据陈超的学生张凯成回忆，陈超曾为硕士生开过“现代诗学研究”这门课，使学生较为深入地了解到现代主义诗学。不仅如此，陈超还是一位具有个人魅力的诗歌教育者，他的学生郝建国曾深情回忆起陈超上当代诗歌课的情形，表示“从没有这么被一个老师深深地打动过”[②]。正因为陈超有着较高的诗学造诣与个人魅力，所以他的去世不仅是河北师范大学的缺憾，也是河北诗歌界乃至全国诗歌界的遗憾。

廊坊师范学院在诗歌文化方面的建设特色是联合省内高校与北京高校（主要是首都师范大学），开展了一系列诗歌研讨会。比如，牛汉诗歌研讨会（2003）、邵燕祥诗歌研讨会（2007）、北岛诗歌研讨会（2016）、陈超诗歌研讨会（2017）以及林莽诗歌研讨会（2018）等。在举行诗歌研讨会的同时，学校还有自己的诗歌品牌活动：中华经典·诗文朗诵比赛。这一比赛迄今已举办五届，可以说逐渐拥有了自己的传统。该比赛的选手前期由各二级学院选拔与推荐，经过初赛、复赛、半决赛，最终选出若干名优秀选手进入决赛，并在决赛中产生一、二、三等奖和优秀奖。除此之外，廊坊师范学院的“蕙风文学社”每年还举办“中华好诗词”朗诵晚会，使全校师生在观看晚会的过程中感受到古典诗词的魅力，并使诗歌文化在校内得以渗透与传

① 周伟驰．新世纪的诗歌师徒群体现象——以保定河北大学为例［J］．新文学评论，2016（2）：127.

② 郝建国．编后记［M］//霍俊明．转世的桃花——陈超评传．石家庄：河北教育出版社，2018：646.

播。廊坊师范学院还设有诗歌研究机构。2015年，由苗雨时负责的“雨时工作室”在廊坊师范学院成立，主要成员不仅包括在校教师，还吸纳了在省内外具有一定知名度的廊坊籍诗人加入，如王克金、王之峰、郭友钊、王雪莹等。雨时工作室办有《雨时诗刊》，刊登工作室成员以及校内外诗歌爱好者的诗作与评论文章。在雨时工作室的基础上，2017年，河北省作家协会与廊坊师范学院联合共建的河北诗歌研究中心举行揭牌仪式，苗雨时担任主任，霍俊明、李建周、吴凤翔等10位省内知名诗歌研究者被聘请为特邀评论员。邢台学院虽然尚未设立诗歌研究机构，但邢台学院对诗歌文化也较为重视。“大地诗社”是邢台学院人数最多、影响最大的学生社团，吸引了许多高校诗歌爱好者。“中国诗词四级考试”也是邢台学院在诗歌文化建设方面的创新点，对提升学生诗词素养有很大帮助。

综上所述，河北大学、河北师范大学、廊坊师范学院、邢台学院等高校已经初步形成了自己的诗歌文化特色。但大部分河北高校在诗歌文化建设方面仍较为滞后，甚至尚未开展与诗歌有关的校园活动。这种不平衡现象的出现，说明河北高校在诗歌文化建设方面与京津地区高校还存在一定差距。

二、河北高校诗歌文化建设方面的不足之处

距离习近平总书记提出“京津冀协同发展”的战略已经过去了五年。五年来，河北高校诗歌文化建设虽然已经取得了一定成绩，但与京津地区高校相比，仍然存在一定差距。首先，从研究队伍来说，河北高校中的知名诗人与诗歌研究者数量较少，在诗歌创作与诗歌教育方面略显不足。如前文所述，陈超的去世是河北高校难以弥补的缺

憾，现有的高校诗人与诗歌研究者难以满足河北高校诗歌文化建设的需求。目前，全省仅有廊坊师范学院等为数不多的高校建立了较为成熟的诗歌文化体系，其他高校（如河北大学）似乎仅有个别教师、学生参与诗歌文化建设，还未形成覆盖全校的活动氛围。与北京大学、清华大学、中国人民大学、北京师范大学、中央民族大学、首都师范大学等在京高校相比，河北高校的“校园诗歌场”稍显冷寂。并且河北各高校之间在诗歌文化方面的交流较少，呈现“各自为政”的状态，这也影响了河北高校诗歌文化方面的整体发展。

从平台建设来说，河北省高校的诗歌社团、诗歌报刊数量较少，诗歌活动不够活跃。廊坊师范学院的蕙风文学社、邢台学院的大地诗社虽然举办过多次诗歌活动，如诗歌朗诵会、诗词大赛等，但这些活动大多仅限于本校学生参加，还没有把影响力辐射到其他高校的学生。河北高校的诗歌报刊在收录诗歌质量、传播范围方面也稍显不足。以廊坊师范学院的《蕙风》文学杂志为例，这份杂志虽然办刊时间较长，但收录作品水平良莠不齐，它也不是一本纯粹的诗歌杂志。从这个角度来说，北京高校的一些诗歌杂志的做法值得河北高校学习。比如，中央民族大学的“朱贝骨诗社”，这个诗社办有《朱贝骨诗刊》，聚集了该校各个二级学院的优秀诗人。“朱贝骨”同人在诗歌写作方面的凝聚力很强，曾在《诗刊》《星星》等知名诗歌刊物上集体发表作品，也代表中央民族大学参与了许多诗歌活动。可以说，“朱贝骨”同人与《朱贝骨诗刊》的影响力不仅限于中央民族大学，在整个北京市乃至全国都拥有了一定声望。河北高校的诗歌社团、诗歌报刊若想扩大自身的影响力，建设高质量的诗歌平台，恐怕还需要从朱贝骨诗社等北京高校社团借鉴相关经验。

既然谈到了诗歌社团、诗歌杂志，就不得不提及河北高校学生参与诗歌活动的兴趣。从对廊坊师范学院2017级、2018级汉语言文学专业河北籍学生的调查问卷来看，河北籍学生对诗歌的兴趣浓度不够高，读过的诗歌作品也较少，仅限于《再别康桥》《雨巷》等中学语文教材中的作品。这种情况的出现恐怕与河北的中学教育和高考模式有关。调查问卷显示，诗歌可谓河北中学教育的短板：一方面，除了教材上的作品，教师很少为学生讲解诗歌，甚至连教材上的诗歌作品都略过不讲；另一方面，教师也很少为学生详细讲授解读诗歌的方法，很多学生对诗歌一知半解，仅为了考试而学习诗歌。这些现象的存在，直接影响了河北学生进入大学之后对诗歌的兴趣，也说明河北的中学教育仍然是机械化的应试教育，与京津地区中学的多样化教育（如开设与诗歌有关的选修课、请诗人来校做讲座、鼓励学生进行诗歌创作等）距离较远。

最后要谈到学校层面。河北高校对诗歌文化建设的重视程度普遍不够，首先表现为校领导与教师对诗歌的了解程度欠缺。如果相关领导没有意识到诗歌在建设校园文化、提升学生素质、扩大学校文化影响力方面的作用，恐怕就难以从制度与资金、场地等方面支持本校的诗歌文化建设。就教师而言，学生对诗歌产生兴趣、愿意积极参与诗歌活动中，与教师的教学指导密切相关。如果教师自身就对诗歌感到陌生，缺乏诗歌教学方面的知识储备与经验，就无法有效地引导学生走上热爱诗歌的道路。因此，河北省诗歌文化能否得到有力的建设，校领导的支持与教师的努力是关键。

三、建设河北高校诗歌文化的几点建议

文化协同是京津冀协同发展的一个重要环节，而高校诗歌文化作

为文化建设的一部分，有必要成为河北省未来几年的重点建设项目。不过，建设高校诗歌文化仅靠高校自身的工作是不够的，需要政府与高校合众合力，共同为河北高校诗歌文化的建设添砖加瓦。

首先，河北省政府相关部门需要了解诗歌文化在高校文化建设乃至省、市文化建设中的重要性，为诗歌文化的发展提供政策、财政等方面的支持。这是因为高校的许多文化活动的开展在政府部门的政策指导下进行，高校的基础设施建设、人才引进等工作也有赖于政府的拨款。如果没有政策、财政方面的支持，河北高校的诗歌文化有可能会面临力不从心的困境。可以说，建设河北省高校诗歌文化，政府是领头羊。政府部门是否有宽阔、长远的视野，了解到高校诗歌文化对于京津冀文化协同发展的重要性，是至为关键的。

其次，河北省高校的领导与教师需要了解诗歌文化对于一所高校发展的意义。正如前文所述，河北省高校的诗歌文化建设是不均衡的，各高校之间也没有形成密切的联络网。如何改变这一局面，使诗歌文化成为河北各大高校普遍的文化现象，拉近与京津高校的距离，实际上与高校领导与教师密切相关。高校领导在诗歌文化建设方面起到的作用主要是宏观调控，如改善学校硬件设施、出台鼓励诗歌文化发展的文件、引进诗歌创作与研究方面的人才等。高校领导的大力支持，有利于河北高校形成诗歌创作与研究的良好氛围。对二级学院和教师层面而言，建设高校诗歌文化应该被视为教学活动、学生工作的组成部分。比如，开设与诗歌有关的课程、推荐学生阅读诗歌类书籍；鼓励学生组织诗歌社团、指导学生创办诗歌刊物、举行诗歌朗诵会等活动。有条件的高校还可以通过举办诗歌研讨会、邀请诗人与专家来校交流的方式使学生开阔视野，同时，要多组织京津冀高校间的诗歌比赛、观摩学习等交流活动，使学生走出河北，在京津冀协同发展的背景下学习优秀诗歌文化。

最后，与中学语文教育相接轨，也是发展河北省高校诗歌文化不容忽视的环节。如前文所述，诗歌是河北省中学语文教育的短板，如何改善这一情况，有赖于培养拥有丰富诗歌知识与良好教学能力的中学师资。这就要求河北省师范类高校对中学语文教育进行深入调研，了解中学生的诗歌阅读需求，并注意培养师范生的诗歌教学素质，使其在入职后能具备为中学生详细讲授诗歌文本、传授诗歌解读方法的能力。此外，具备诗歌教学能力的高校教师也可以走进中学，为中学生带来诗歌讲座，提高学生对诗歌的兴趣。如果学生在中学就接受到良好的诗歌教育，那么其进入大学后，或许参与学校诗歌文化建设的意识就会增强。

建设河北省高校的诗歌文化并非一时之功，也并非河北高校自身的能力所能达到，而是需要政府、高校、中学三者的合力。在京津冀文化协同发展的今天，河北高校有必要“走出去”，学习借鉴京津高校的宝贵经验，弥补自身的不足，结合自身实际发展诗歌文化，使学生感受到诗歌的魅力。

（原载《河北广播电视大学学报》2019 年第 4 期）

附录三：

感受视听美感，体验时空变幻

——读穆旦《我看》兼谈中学生现代诗细读

吴　昊　王欣欣

统编本语文教材九年级上册第一单元为“活动·探究”单元。该单元为学生提出的主要任务是自主阅读教材中的现代诗作品，体验诗歌的感情基调与意象，并通过小组互动或与教师交流的方式，加深对现代诗的认识。通观该单元所收录的现代诗作品，穆旦的《我看》属首次进入中学语文教材，阅读难度相对较大，故本文尝试结合穆旦生平与创作经历，从视听美感、时空变幻的双重角度来细读该诗，并试图以此诗为例证，为中学生提供细读现代诗的方法。

一、视觉与听觉的美感

《我看》这首诗的题目就向读者揭示了主题：通过抒情主体“我”的眼睛去“看”。“我”看到了怎样的一幅图画呢？阅读前两节，读者最直观的感受或许就是诗中充满一系列与“自然”有关的意象，如“春风”“青草”“飞鸟”“晴空”等。这些意象本身就给人以生命的气息，而作者穆旦在动词的使用、意象的组合方面又颇为用心，使读者能够更深刻地感受到动态的视觉美。例如，在第一节中，穆旦用一个“揉”字，就刻画出了青草在春风中起伏的场景，并巧妙地将拟人、比喻两种修辞手法相结合，把青草的“低首又低首”比作“远水荡起了一片绿潮”，强化了视觉的“动”。在第二节中，“我”的视角从低处转向天空，看到了“飞鸟”被“吸入”深远的“晴空”，看到了“流云慢慢地红晕”。“红晕”还和第一节的“绿潮”形成强烈的色彩对比，产生强烈的画面感。

值得注意的是，《我看》中的画面感并不是穆旦的凭空想象。这首诗创作于1938年6月，此时距离七七事变已近一年，穆旦跟随清华师生经过艰苦跋涉，到达云南。因昆明的西南联大校舍尚未完全建好，穆旦等师生只好暂居蒙自。在蒙自，穆旦参加了“南湖诗社”，他经常在湖边漫步，湖边的风景，便成为他写《我看》的灵感。

有多少次，在课余，在南湖边堤岸上，穆旦独自漫步，或者与同学们一起走走，边走边愉快地聊天，时不时地发出笑声；或者一天清早，某个傍晚，他拿着一本英文书——惠特曼的《草叶集》或者欧文的《见闻录》，或者其他书籍，到湖上静静地朗读……这些就是他创作这首诗的背景。自然风光融入心灵，他那么巧妙地描绘了南湖景色。

南湖的美好景色让西南联大的师生暂时与战争隔绝，也使得穆旦20岁的年轻心灵得到了抚慰。他在南湖发现了“风景”，并将其写入诗中。穆旦常被认为是一位“现代”诗人，但从《我看》这首诗来看，穆旦的作品其实并不缺乏“中国性”。因为《我看》中的“风景”书写，对视觉氛围的营造，正是对中国古典诗歌“诗画”传统的承袭。并且，穆旦对于动词的巧妙运用，也近乎古典诗歌的“炼字”。

《我看》还富有听觉美。这首诗共五节，前四节每节四句，偶数句句尾押韵，如第一节中“草”和“潮”押韵；第二节中“里”和“地”押韵；第三节中“画”和“发”押韵；第四节中“息”和“逸”押韵。第五节共六句，第二句末尾字“游”与第四句末尾字“流”押韵，第五句末尾字“里”和第六句末尾字“熄”又押韵。这样的音韵设置，使诗歌读起来朗朗上口，并具有爆发力，让读者感受到诗句间迸发出来的青春力量。此外，穆旦还善于运用语气词和标点符号，诗中多次出现“哦”，但后面承接的标点符号却大不相同：第一个“哦”出现在第三节开头，后面承接逗号，随后的语句是“逝去的多少欢乐和忧戚”，语意与语气词、标点的结合，给人舒缓的阅读感受，而第三节第三句开头的“哦”承接第二句“我枉然在你的心胸里描画！”后面使用感叹号，加重了语气。这样，同一节中便出现轻、重两种语气的交替，大大增强了诗句的节奏感。第五节中也有类似的运用，第一句连用两个“去吧”，皆以逗号承接；“哦生命的飞奔”，“哦”后面不加标点，使语气显得紧凑，也体现出“生命的飞奔”的急促。

由上所述，穆旦的《我看》体现出了穆旦作品的“感官性”特点：诗句中呈现出的视觉与听觉的美感，源于穆旦青春心灵的直观体验。同时，视觉和听觉的效果，又有助于读者更深入地走进穆旦的心灵世界。

二、时间与空间的变幻

除了视觉与听觉的美感，《我看》还能让读者感受到时间与空间的变幻。第一、二节所涉及的场景主要为空间的变幻，由平视的“青草”转向仰视的“飞鸟”。第三、四节主要描写了时间的变幻。诗句中的一系列时间标志词，形成了今昔对比，如“逝去的多少欢乐和忧戚”与

“多少年来你丰润的生命”形成对比，“远古”与“如今”形成对比等，旨在让读者跟随穆旦的视线，不断地回顾过去，又不断地审视现在。

这两节中的今昔对比还体现在“我”与“你”的关系中。教材中提示学生思考：这里的“你”指什么？如果联系第一、二节对自然风景的描绘，就可以知道第三、四节中的“你”指代大自然。大自然是永恒的，从久远的过去一直延伸至现在，于是“我”只能枉然在“你”的心胸里描画。虽然“远古的哲人”曾向“你”舒出“咏赞的叹息”，但“他生命的静流”也只能“随着季节的起伏而飘逸”。由此可见，相对于古老的大自然，人类的存在只是短暂的一瞬，大自然“丰润的生命”与人类“生命的静流”形成对比，“永在寂静的谐奏里勃发”与“随着季节的起伏而飘逸”形成对比。

既然穆旦意识到人类在无限的自然面前是渺小的，那他又将做何反应呢？第五节给出了答案。这是全诗的总结，也是全诗的升华。这一节中又出现了“你”，但这里的“你”已不再是指大自然，而是抒情主体“我”的化身。这一节中的“生命”也不再是随季节的起伏而“飘逸”的“静流”，而是在“飞奔”“漫游”中化静为动，呈现出自身的活力与生机。不仅如此，在第五节中，作为抒情主体的“我”与作为客体的自然合为一体，古老而永恒的自然与人类的对立已经消除，实现了时空的融合。正如詹丹所说：“那种在自然中湮灭主体的古典的欢乐和忧戚，那种把主体的感情投向自然的‘枉然’举动，此时不知不觉地隐退了。自然不再是人化的自然，人也不再是需要一味赞咏自然的人。那种贯穿自然的生命力，也同时充盈着人的身体和灵魂。”“我”热情地拥抱自然，并跟随着自然的节奏一起前行：“让欢笑和哀愁洒向我心里，像季节燃起花朵又把它吹熄。”作为一个20岁的青年人，“我”的青春生命在诗句中得到了充分体现，尤其是“季节燃起花朵”这句，给予读者阅读的快感。

《我看》呈现出的时空变幻，以及“我”与“你”之间人称的变换，在穆旦后续的作品中仍然有所体现。在教学时，可以推荐学生阅读穆旦的另一首诗《春》(创作于1942年2月)，进一步体会穆旦诗作中时空变幻、人称变换的魅力，并感受穆旦对生命意识的张扬。

三、细读法在中学生现代诗阅读中的应用

上文以穆旦的《我看》为例，论述了现代诗细读法的两个角度：视听美感和时空变幻。前者可视为直观的审美体验，后者则涉及客观的审美分析。由此来看，现代诗细读法并不神秘。虽然因为年龄、阅历等，中学生的阅读能力相对有限，但只要掌握了细读法的一些窍门，中学生也可以像专业诗歌研究者一样，能够独立阅读现代诗作品，并形成感性与理性相结合的审美判断，成为“理想读者”。

在传统的诗歌阅读中，“知人论世”法显得尤为重要，很多诗歌解析文章的开头都会先介绍诗人的生平背景，并引导学生通过诗人生平了解诗歌内容。但问题在于，自主欣赏诗歌需要独立的审美体验，一味依赖“知人论世”法，显得有些刻板。并且，如果在不熟悉诗人生平，又不允许查阅资料的情况下(如考试)，“知人论世”法就会失去效用。因此，“知人论世”法可以视为细读法的重要补充，但无法替代诗歌细读。

如前文所述，细读一首诗，第一眼看到的是标题。有时，标题已经揭示了全诗的主题，但也存在大量标题与主题无关的现代诗。所以，通读全诗至关重要。细读现代诗可从多个角度入手，比较常用的有：①查找诗歌中的核心意象，分析意象在诗歌中的作用；②朗诵诗歌，感受诗歌的音韵特点(节奏、押韵、标点运用等)；③厘清诗歌

的结构层次，分析上下文的逻辑关系；④找出阅读过程中印象最深的词语或句子，然后进行解读。值得注意的是，不同风格的作品，采用的细读方法也不尽相同，几种方法可以综合使用，也可以只用一种方法，使用顺序也较为灵活。

有些中学生刚接触现代诗，担心“误读”，担心和“正确答案”“诗人原意”“教师解读”等“权威”不一致。其实，对于许多现代诗而言，“诗无达诂”或许是常见的现象。多种解读视角的并存显示了现代诗诗意的不确定性与模糊性，以及诗人思维和经验的多样性与复杂性，意图在诗歌中找到“定论”的做法也许是不必要的。并且，在如今语文教育改革的时代背景下，中学生阅读现代诗的最终目的不是取得更高的分数，而是培养自己的文学情怀，提高人文素养。教师要“以学生为中心”，允许学生在阅读现代诗时提出自己的独到见解，而不是强求学生与自己的观点一致。此外，学生在阅读现代诗作品时可以多与同学交流，在讨论中碰撞灵感的火花。如果学生学有余力，多读一些诗学鉴赏文章、著作，如洪子诚的《在北大课堂读诗》、孙玉石的《新诗十讲》、段从学的《新诗文本细读十三章》等，对深入掌握现代诗细读法大有裨益。

从现代诗细读的角度来说，穆旦的《我看》其实还有更多读法，这也体现出现代诗细读的可能性与魅力所在。一方面，教师要更新原有的教学观念和方法，引导学生掌握诗歌细读法；另一方面，在教师的鼓励下，学生要大胆提出自己对于现代诗歌作品的见解，并尝试形成书面文字，进而自主阅读、创作诗歌。可以说，现代诗细读法的推广，是一个教学相对较长的过程。

（原载《学语文》2021年第4期）

附录四：

当代诗歌细读的可能性

——评《在北大课堂读诗（修订版）》

吴 昊

“细读”（Close Reading）一词，由英国批评家I.A.瑞恰慈提出，并在燕卜荪、沃伦、布鲁克斯等新批评派评论家的实践中得到了阐释。细读法强调文本内部的自足性，语言和结构在文本细读法中的地位则非常重要。在英、美新批评派的具体实践中，“隐喻”“复义”“张力”“悖论”“反讽”等批评范畴得到了有效的梳理和阐释。

中国诗歌批评家接受细读法的历史，可追溯到20世纪30年代。施蛰存所办的《现代》杂志为新批评派文论在中国的译介做出了初步贡献。在个人成就方面，朱自清、卞之琳、废名、李健吾、袁可嘉、唐湜等诗评家都是细读法在中国诗歌研究领域的积极接受者和大力推广者，其中朱自清应是细读法在中国最早的接受者和理论阐释者。在朱自清的解诗实际中，他强调对诗的本体进行微观解析，并重视诗歌语言的功能，认为诗并没有那么神秘，是可以“解”的，应在理解的基础上对诗歌文本展开批评。同时，朱自清解诗时本着“参与的作风"[①]，以期能够更好地体会创作者的心态，避免主观臆断。废名是把新诗文本解说引入大学课堂的先驱者[②]，而袁可嘉、唐湜这两位九叶派诗人的诗论可以视为英美新批评理论在中国语境中的内化。袁可嘉"从'包含的诗'的要求出发，倡导现代诗歌的现实、象征、玄学的新综合传统"；"唐湜则是'在西方文化与中国传统文化间走钢丝'，以返观深潜的方式把握新诗现代化的精魂"。[③]自 20 世纪 80 年代以来，有更多包含英美新批评派细读范例的著作被介绍到国内，如赵毅衡编选的《"新批评"文集》(赵毅衡本人也著有《新批评：一种独特的形式主义文论》一书)，布鲁克斯、沃伦合著的《小说鉴赏》，布鲁克斯著的《精致的瓮：诗歌结构研究》等[④]，这些译著的出现使得细读法更为广泛地应用于文学作品的分析与研究。

据洪子诚介绍，将细读法与诗歌教学相结合的实践，谢冕、孙玉石曾先后在北大中文系开展过，孙玉石的讲授和课堂讨论的成果已结集成书出版，分别为《中国现代诗导读(1917—1937)》《中国现代诗导读(1937—1949)》《中国现代诗导读(穆旦卷)》。洪子诚认为，这些在大学课堂上进行的解诗工作出现的背景是现代诗诗潮的兴起和现代诗与读者之间的紧张关系，并直接面对有关诗歌"晦涩""难懂"的问题。[⑤]

① 许霆．中国现代诗学论稿[M]．上海：复旦大学出版社，2012：345.

② 孙玉石．中国现代解诗学的理论与实践[M]．北京：北京大学出版社，2007：161.

③ 许霆．中国现代诗学论稿[M]．上海：复旦大学出版社，2012：368.

④ 赵毅衡编选．"新批评"文集[M]．北京：中国社会科学出版社，1988；克林斯·布鲁克斯，罗伯特·潘·沃伦．小说鉴赏[M]．主万等，译．北京：中国青年出版社，1986；布鲁克斯．精致的瓮：诗歌结构研究[M]．郭乙瑶等，译．上海：上海人民出版社，2008.

⑤ 洪子诚．初版序[M]//洪子诚．在北大课堂读诗(修订版)．北京：北京大学出版社，2014：5. 以下注释如不特别注明，所标注页码皆出自该书。

关于诗歌“懂”与“不懂”的问题，可以说是评论界和普通读者最为关注的问题之一。此问题自新诗诞生后便一直存在，直到今天讨论仍在继续，而“如何解诗”，则是解决这个问题的关键。随着时代语境的不断推移，诗人的创作面貌也发生了巨大变化，尤其是自20世纪90年代以后，诗歌创作更是呈现出复杂多样的局面。诗人辈出，作品数量蔚为可观，其中不乏佳作。读者在阅读这些优秀诗作的过程中，如何根据作品的实际情况来更新调整自己的诗歌观念及读诗方法，则又回归到“如何解诗”这个问题上。洪子诚于2001年在北大为中国现当代文学专业部分研究生组织了“近年诗歌选读”课程，并将课堂讨论内容结集为《在北大课堂读诗》一书，2002年由长江文艺出版社出版，修订后由北京大学出版社于2014年再版。该书呈现出的诗歌细读观念可以视为“如何解诗”的答案之一。在洪子诚看来，细读活动的基本点是借助具体文本的解析，试图探索现代诗有异于传统诗歌的艺术构成，也试图重建诗歌文本和读者联系的新途径。①

从书中可以看到，参加课堂讨论的许多成员（如周瓒、姜涛、胡续冬、冷霜、钱文亮等）在当时就有诗歌创作的经历，并且这些成员后多从事学术研究和承担高校教学工作，可以说对新诗有一定的鉴赏能力。因此，他们的解读较之普通读者，也更具有范例的功能。书中所解读的诗人主要为活跃于20世纪90年代、与“新诗潮”有密切关系的诗人，如张枣、王家新、臧棣、欧阳江河、翟永明、韩东、于坚等，这些诗人的作品从一定程度上能代表20世纪90年代诗歌创作状况的几个侧面，对他们的作品进行解读，能够了解90年代诗歌的大

① 洪子诚．初版序［M］// 洪子诚．在北大课堂读诗（修订版）．北京：北京大学出版社，2014：6.

体面貌。而在篇目的选择方面，《在北大课堂读诗（修订版）》更多注意“能够经受解读‘挑战’的、复杂和更多‘技术’含量”[①]的诗。这种选择标准并不是要否定“单纯”的好作品，其中一方面在于课堂讨论这种教学方式需要更多的文本阐释和成员交流空间，另一方面也与解读所使用的细读方法有关，体现了课堂讨论的参与者在解诗的过程中倡导诗歌细读的努力。

在细读方法的具体应用中，解读者们并没有遵循统一的模式或套路，而是根据所选诗人、诗作的具体情况以及个人的理解来选择切入一首诗的角度。这说明细读的过程需要灵活变通，不能拘泥于成规。举例来说，臧棣在解读张枣的《边缘》一诗时，更多地强调对一首诗思维过程的理解，突出对“联想轴”的关注[②]，认为“边缘”的意味在于“诗人把他自己对边缘情境的体验和洞察，巧妙地融入这首诗的句子与句子之间的关联中”[③]。从这种解读角度可以看出，臧棣的细读实际上是把个人的写作经验与对《边缘》的理解相结合，因为臧棣在写作一首诗时，会有意“让诗的形态最终呈现一个动态的、不断自我生成的诗意的过程”，所以他的诗的诗意“往往不是由一行或两行来完成的，而是由一节甚至整首诗来完成的”。[④]臧棣这种“过程式”的诗学观念影响了他切入张枣诗作的角度，也体现出了臧棣与张枣写作方式的“互文性”。赵璕在解读王家新的《伦敦随笔》时，则主要关注诗

① 洪子诚．初版序［M］// 洪子诚．在北大课堂读诗（修订版）．北京：北京大学出版社，2014：9.

② 参见《在北大课堂读诗（修订版）》中吴晓东的发言，第 21 页。

③ 参见《在北大课堂读诗（修订版）》中臧棣的发言，第 5 页。

④ 王光明，张桃洲，荣光启，等．可能的拓展：诗与世界关系的重建——臧棣与 20 世纪 90 年代以来的中国诗歌［M］// 王光明，等．开放诗歌的阅读空间：读诗会品赏录．北京：社会科学文献出版社，2008：180–181.

作文本中的“互文性”，注意到王家新诗歌中个人经验与文化资源的黏合特性[①]，把王家新诗歌中的具体元素与其他诗作进行比较分析，类似于将文本细读与“以诗解诗”的结合。又如，钱文亮解读柏桦的《琼斯敦》，借助了诗人的自传性材料，包括他的自传性质的回忆录，以及别的诗人和批评家提供的情况，也联系柏桦其他作品的意象词语的使用。[②]这是把文本细读与传统“知人论世”结合起来的方法。由以上所举书中例子可见，对诗歌文本进行细读时，把诗人诗作的具体情况综合起来考虑分析是非常重要的，应避免那种抹杀诗人写作风格独特性的模式化解读。从作者的角度进行思考，深入文本内部，关注具体语境，这是对前文所提及的朱自清“参与的作风”这一学术品格的继承和发扬，也是细读法在运用中的一大特色。

对不同的诗人之作采用不同解读角度的同时，对同一文本的解读也应存在多种可能性，有时可能会是“误读”，新诗历史上李健吾与卞之琳针对《圆宝盒》一诗进行的讨论便是一个例子。可以说，“误读”在细读的过程中是允许存在的，读者与作者的意图不可能完全重合。对一个诗歌文本进行多方位的解读不仅能够提供多层次的诗意，也显示了细读读者发散多样的诗学思维路径，正如臧棣所说：“在现代社会里，每一个读者都是一个潜在的作者。”[③]针对翟永明的《潜水艇的悲伤》一诗，不同读者的切入角度就存在差异。对周瓒而言，她作为一位女性诗歌评论者可能与翟永明存在更多的契合度，她主要从“写作”这个层面来阐释《潜水艇的悲伤》，“潜水艇”暗指诗人的创作活动，

---

① 参见《在北大课堂读诗（修订版）》中赵瑀的发言，第47页。

② 参见《在北大课堂读诗（修订版）》中洪子诚的发言，第237页。

③ 参见《在北大课堂读诗（修订版）》中臧棣的发言，第3页。

并认为这是一首“以诗论诗”的作品。[①] 同样作为女性评论者，曹疏影的理解与周瓒有相似之处，而钱文亮、王璞等人则有不同的视角。钱文亮从语词方面入手，认为“借入词语”的使用揭示了翟永明诗歌的结构核心[②]，而王璞认为“潜水艇”象征诗人的一种“远离人世的，将自我隐藏在深处的，秘密幽居于水底的内心状态”，这就与周瓒、曹疏影的理解有较大差别。[③] 不同细读角度的存在，说明“诗无达诂”的现象在当代诗歌细读的过程中仍然突出，并呈现出更为复杂多样的局面。它们之间不是彼此截然对立的关系，而是类似于一种“互映”。多种解读视角的并存显示了当代诗歌诗意的不确定性与模糊性，以及当代诗人思维和经验的多样性与复杂性，意图在诗歌中找到“定论”的做法也许是不必要的，正如洪子诚所说：“重要的可能不是要给出某种答案，或达到某种‘共识’，而是呈现富于启发意味的多种可能性。”[④] 在当代诗歌所呈现的复杂语境中，孙玉石总结的解诗“公共原则”仍然适用，但诞生了更多可以扩展和游移的空间。对许多解诗者而言，对具体诗人文本细读的过程也是一个思考诗学问题的过程。也就是说，深度意义上的细读是从具体文本出发，并试图看到文本背后具有普遍性的诗学问题，从而就发现的问题提出可能的出口与潜在的陷阱。这样，细读就突破了以往人们把 Close Reading 视为“封闭式”阅读的偏见，而走向更为广阔的诗学批评领域。

姜涛在对欧阳江河的作品《时装店》进行分析时，便提出了一个

① 参见《在北大课堂读诗（修订版）》中周瓒的发言，第 84 页。

② 参见《在北大课堂读诗（修订版）》中钱文亮的评论，第 94 页。

③ 参见《在北大课堂读诗（修订版）》中王璞的评论，第 96 页。

④ 洪子诚 . 初版序［M］// 洪子诚 . 在北大课堂读诗（修订版）. 北京：北京大学出版社，2014：8.

值得探究的问题："我们在阅读诗歌的时候有两种期待，一种是对革命性的期待，一种是对诗的感受的普遍性期待。……欧阳江河的诗歌，到底在何种程度上只是一种革命性，而不构成诗歌本身的拓展，以及可以延续的传统，这个问题值得讨论。"[①] 姜涛是在阅读一首诗的基础上，看到文本深层所隐含的问题，而不是仅对欧阳江河诗歌的修辞艺术持赞美式认同态度。细读若仅停留在文本的表层分析，其价值可能不如对文本进行深度"透视"所得到的要大。立足于文本，并开阔思路，对文本所折射的问题做深入思考与探究，在细读中所占位置值得重视。但是在具体的操作中，有些思路可能会是需要避免的误区。周瓒在分析吕德安的《解冻》时谈道："我们分析一个诗人的作品，容易与别的诗人进行比较。比较是必要的，但容易形成非此即彼的思路。……我们还要警惕那种概括式的谈论，它很容易抹杀掉诗人的特殊性。"[②] 由此可见，虽然"诗无达诂"是细读中普遍存在的现象，但"剑走偏锋"的方法会使细读丧失其有效性，诗歌的意义也容易被扭曲，这就要求读者在实践中注意方法的积累和辨别。

在如今网络化的时代语境中，博客、微博、微信等自媒体的出现从一定程度上来说会使诗歌阅读的速度加快，这是因为信息大量涌入而又转瞬即逝，使人应接不暇；生活节奏的加速也影响了读者阅读所花费的时间。在这种背景下，普通读者面对一首诗的时候往往满足于对诗歌做表面的"赏析式"解读，"囫囵吞枣""蜻蜓点水""走马观花"般接受诗歌，只愿意寻找文本与自身相契合的部分而忽视其他，诗歌似乎成了一种文化消费品。长远来说，这种表面性赏析模式不利于读者深入体会诗

① 参见《在北大课堂读诗（修订版）》中姜涛的发言，第72页。

② 参见《在北大课堂读诗（修订版）》中周瓒的发言，第109页。

歌的“妙处”，并且也有使媚俗诗歌泛滥成灾的危险。诗歌阅读需要“慢”下来，读者在“慢速”阅读中，能够获取更多的人生经验，丰富自己的心灵领域。因此，细读法有必要在当前的语境下得到提倡和推广。然而，值得注意的是，虽然细读法为解读诗歌提供了较大的思维空间，但仍然容易遭到质疑。其中最突出的一点恐怕是针对细读中出现的“过度阐释”现象而提出的。“过度阐释”似乎是对细读的一种“扩充性的限制”，在这种情况下读者可能更愿意“把诗歌的指引能力落实到每一个字词，从而通过对一首诗的细读到达一个更大的框架中去，把它与文化研究或者与思想史、学术史联系在一起”[①]。应该说这种做法的动机无可厚非，但逐字逐词落实后的解读很可能会使解诗落入机械化操作的圈套，把诗歌“完全去魅”的后果是诗意的稀释，诗歌也就此成了一个“笨谜”。

正如前文所介绍的那样，《在北大课堂读诗》中所选篇目多为需要精心细读和推敲的诗歌，因此，该书自初版本诞生之时，便遭到一些关于“过度阐释”的批评。有批评者甚至尖刻地指出：“《在北大课堂读诗》更像是一群训练有素的人聚在一起共同粉碎诗人肢解诗歌的阴谋。……‘过度阐释’是一种外溢，也是一种话语暴力。一旦批评溢出诗歌魔瓶，诗魂就会四处飘零。”[②]这种声音的出现，表明有些读者对诗歌细读法的有效性持怀疑态度。如前文所说，细读法诚然是对表面性赏析式解读的纠偏，然而在实际操作过程中，诗歌文本整体性的美感的确容易遭到破坏。但由此全盘否认细读法的有效性，恐怕也是不可取的。实际上，《在北大课堂读诗》中参与课堂讨论的人员已经意识到“过度阐释”的危险，并提出了补救方案。胡续冬指出，

① 参见《在北大课堂读诗（修订版）》中胡续冬的发言，第377页。

② 丁国强．在北大课堂读诗［N］．青岛日报，2003-10-10.

赏析式的批评方式不能完全被抛弃掉[①]，在细读中它也有借鉴的价值，对诗歌的主观感受力仍然重要。洪子诚在“初版序”中也强调了“感悟”能力的价值。[②]可以说，“阐释性”强度的日趋增大是当代诗歌发展的一个趋势，但诗歌中“晦暗不明”的领域也有其魅力。对于诗歌中“不可说”的部分，“保持沉默”也许更能使诗歌保持它的艺术价值。因而，把细读法与中国古代的印象点评法相结合，也许能够更为有效地解读诗歌，同时保持文本本身的“神秘性”。正如唐晓渡在《中外现代诗名篇细读》的“后记”中所指出的：“将西方‘新批评’的所谓‘细读’和中国传统的感兴式意象点评加以综合运用，同时注意互文性的把握，以便一方面通过逐行逐句语象的拆解、分析，尽可能充分地揭示一首诗的内涵和形式意味；另一方面，又将由此势所难免造成的对其整体语境魅力的伤害减少到尽可能小的程度。”[③]

深入一层来说，《在北大课堂读诗》所倡导的细读法的意义还不仅仅是在于对诗歌解读方法的纠偏，正如前文所提示过的那样，细读在指向诗歌文本本身的同时恐怕还要着眼于更广阔的诗学空间。一个有心的读者会在细读的过程中发现问题，从而带着问题去接触更为广阔的知识和经验层面，其收获也许比文本本身的价值大得多。正如钱文亮所说“一个理想的解读者应该是对诗歌有着比较高的专业敏感、专业训练，甚至对语言学、心理学都有一定的基本知识。另外就是对诗歌历史、当下的诗歌序列相当了解”[④]。对普通读者来说，恐怕很难

① 参见《在北大课堂读诗（修订版）》中胡续冬的发言，第 378 页。

② 洪子诚．初版序［M］// 洪子诚．在北大课堂读诗（修订版）．北京：北京大学出版社，2014：9.

③ 唐晓渡．中外现代诗名篇细读［M］．重庆：重庆出版社，1998：251-252.

④ 参见《在北大课堂读诗（修订版）》中钱文亮的发言，第 381 页。